실학,
조선의 르네상스를 열다

실학,
조선의 르네상스를 열다

개혁을 열망했던 조선 지식인들이 꿈꾼 나라

2016년 촛불집회 이후 '적폐 청산'은 우리 사회의 부조리를 개혁하기 위한 구호처럼 사용되고 있다. 적폐의 사전적 의미는 '오랫동안 쌓인 폐단'이다. 어느 시대든 부조리가 쌓이면 적폐가 등장하는 법이다. 우리 역사에서 조선은 고려의 적폐를 청산하고 성리학이라는 새로운 이념을 바탕으로 건국되었다. 그러나 결국 조선도 적폐의 나라가 되었다. 조선 후기 실학은 나라 곳곳에 쌓인 적폐를 청산하여 민생을 안정시키려는 목적에서 등장했다.

원래 실학은 특정 학파나 사조를 가리키는 말이 아니라 '허학虛學'에 대비된 진정한 학문이라는 뜻이었다. 실학이 특정 시기의 학문 사조로 지칭되기 시작한 것은 일제강점기에 위당 정인보를 중심으로 일어난 조선학운동에서부터다. 다산 서세(별세의 높임말) 100주년을 기점으로 정약용의 학문이 실증성과 실용성 그리고 개혁성을 겸비한 근대적 사상이라고 재평가되면서, 현재 우리가 알고 있는 '실학' 개념이 탄생했다.

실학은 명백하게 18세기 조선 역사를 이해하는 중요한 키워드다. 실학의 실사구시 정신은 우리 학문의 역사를 주체적으로 이끌어낸 시대정신이었다. 일군의 실학자들이 실천적인 태도로 개혁, 개방, 실용주의 관점에서 새로운 학문적 성취를 이뤄낸 것은 잘 알려진 사실이다.

하지만 언제부터인가 실학을 '환상'으로 바라보는 관점이 등장하기 시작했다. 실학은 이제 '실체'와 '환상'이라는 전혀 상반된 시선을 한 몸에 받고 있는 형편이다. 새로운 사상과 학문 태도로 인정받던 실학의 개념이 뿌리부터 흔들리는 이유는 무엇일까?

실학의 역사적 실체에 대한 의심과 회의는 학계에서부터 시작되었다. 1990년대 이후 '자본주의 맹아론'과 서구적 근대화에 대한 근본적인 성찰이 일어나면서 실학에 대한 비판적인 재평가가 시작되었다. 근대의 맹아로서 '실학'의 가치를 재고하게 된 것이다. 실학은 근대 국가를 지향하던 시기에 지식인들의 한시적 관심 위에 구성된 허구적 가상물에 불과하고, 실학자들의 학술 경향이 종래 유학의 범주에서 크게 벗어나지 않는다고 보는 등 실학 개념을 근본적으로 재고하기 시작한 것이다.

비단 연구자만이 실학에 대해 상반된 시각을 갖고 있는 것은 아니다. "조선 후기 실학만 실학이라고 할 수 있는가?"라는 의문에서 한 발 더 나아가 21세기까지 실학 개념을 확장시키는 경우도 종종 있다. 하지만 실학이 특정 시대가 아닌 광범위한 개념으로 사용될 때 실학은 실체가 없는 허상이 되고 만다.

조선 후기 실학은 일부 개혁적인 지식인의 꿈꾸기에 불과했던가? 아니면 조선의 르네상스를 열고자 했던 학문인가? 필자가 과문한 탓인지는 몰라도 이 질문에 명쾌한 해답을 제시한 책을 찾을 수 없었다.

그 해답을 찾기 위해 여러 연구자들과 뜻을 모아 네이버 캐스트에 '실학, 조선의 르네상스를 열다'라는 주제로 30편에 달하는 글을 연재했다. 실학의 정의부터 실학자의 개혁론, 중국 연행, 서양 과학의 전래와 영향, 실학자의 역사지리관과 문예, 여성 실학자에 이르기까지 다양한 주제를 가지고 조선 후기 실학의 실체에 다가가 보았다. 근대성이 내재된 조선 후기의 새로운 사조라는 폐쇄적 독법에서 벗어나 더 넓은 스펙트럼으로 실학을 바라보고자 한 것이다.

그동안 연재했던 글을 가려 모아 한 권의 책으로 묶었다. 이 책이 실학을 궁금해하는 독자들에게 길잡이가 되어준다면 한없이 기쁘겠다. 아울러 실학을 바라보는 특정한 시각을 넘어 실학을 총체적으로 이해하는 데 도움이 되기를 간절히 바란다.

2018년 4월

다산 생가 여유당에서 필자들을 대표하여

정성희 씀

7장 실학과 과학

실학의 실체에 다가가는 길

우리 역사에서 실학은 과연 실체로서 존재한 것인가? 역사 교과서에 엄연히 등장하는 실학이 그 실체부터 의심받고 있다고 하면, 의아할지도 모르겠다. 하지만 실학 개념을 둘러싼 논의는 현재까지도 진행 중이다. 실학은 역사적 생명력이 다하여 해체되어야 할 개념이라는 주장도 있고, 역사 용어로서 불멸의(?) 시민권을 획득했다는 견해도 있다. 그러면 과연 '실학'이란 무엇인가? '실학'을 알기 위해서는 그 개념의 탄생부터 짚어 볼 필요가 있다.

1930년대 위당 정인보가 다산茶山 정약용丁若鏞(1761~1836)을 집중 조명하며 주자학의 대안적 사상으로 실학을 본격적으로 연구한 이래, 실학은 조선 후기 한국 유학의 새로운 학풍을 나타내는 개념으로 사용되었다. 실학이 태동하던 시기는 서양 세력이 동양으로 진출하는 이른바 서세동점의 세계사적 전환기였고, 임진왜란과 병자호란이라는 양란으로 국토가 황폐화되던 시기였다.

이러한 대내외적 어려움 속에서도 농업생산력이 점차 회복되고 도시를 중심으로 상업이 발달하면서 변화된 시대 상황에 맞는 새로운 이념이 요구되었다. 당시 학문 세계는 사장학詞章學이나 예학禮學이 발달하여 백성의 생활과는 동떨어진 경향이 강했다. 이에 대한 반성의 일환으로 등장한 실학은 '실용實用'을 중시하는 학풍을 띠었고 고대 유교 경전을 연구하여 국가의 전반적인 개혁에 도움이 되고자 한 학문이었다.

실학이란 용어는 언제부터 등장했나

사실 실용을 중시하는 학풍은 조선 후기 실학에만 고유한 것은 아니다. 실학이라고 하면 오늘날 조선 후기 '실학'을 가리키는 용어로 통용되지만, 지금으로부터 불과 100년 전만 하더라도 실학이 조선 후기 실학을 의미하지는 않았다. 실학이 조선 후기의 고유한 사상이 아니라는 문제 제기가 나오는 것도 이 때문이다. 조선 후기의 새로운 학풍으로서 실학이라는 말이 사용되기 시작한 것은 20세기 이후의 일이다.

실학은 일제강점기를 거쳐 해방 이후 한국 학계 최고의 이슈였다. 이슈는 성공적이었고, 실학은 오늘날까지 조선 후기의 정치·경제·사회·사상을 이해하는 기본적인 관점을 차지했다. 그럼에도 불구하고 영조·정조대 진보적인 학자들의 절박한 상황에서 나온 학문적 탐색과 문제의식이 '실학'이라는 이름으로 시민권을 얻기까지 많은 논쟁이 있었고, 그 논쟁은 아직까지 진행형이다.

우리가 아는 '실학'은 조선 후기 '실학'만을 의미하는가? 우리가 알고 있는 18세기 실학은 20세기에 접어들어 시대 상황과 맞물리면서 새롭게 부활한 것이다. 20세기 초 당대 과제를 해결하려는 목적에서, 그리고 밀려오는 서양 학문을 접하면서 실학에 눈을 돌리게 된 것이다. 1901년 『연암집燕巖集』(김택영 편)을 시작으로 『흠흠신서欽欽新書』와 『목민심서牧民心書』가 각각 장지연張志淵에 의해 광문사에서 간행되었다. 박지원의 『열하일기熱河日記』도 1911년 조선광문회에서 간행되었다. "실로 우리 대한제국의 정치학 가운데 제일 신서新書가 『목민심서』다"라는 『황성신문』(1902년 5월 19일)의 찬사도 이어졌다. 당대의 과제 해결책으로 다산 정약용이, 서양 근대 학문과의 만남 속에서 연암 박지원의 위대성이 부각된 것이다. 당시 실학은 현실 타개책으로 주목받았다.

1930년대 들어와 실학은 민족의식의 고취를 위한 '조선학운동'의 일환으로 연구되기 시작했다. 최남선이 1931년 『조선역사』에서 조선 후기의 신학풍을 근대 학술용어로서 실학이라 지칭한 것이 그 시발점이었다. 이어서 1935년에 다산 정약용 서거 100주년을 맞아 정인보·안재홍 교정의 『여유당전서與猶堂全書』가 간행되면서 조선 후기의 새로운 사상 경향을 일컫는 명칭으로 '실학'이 사용되기에 이르렀다. 1930년대 실학은 여러 가지 용어로 표현되었다. 예컨대 문일평은 '실사구시학實事求是學', 정인보는 '의독구실지학依獨求實之學', 백남운은 '현실학파', 홍이섭은 '실중학파'라 지칭했다.

1930년대 시작된 실학 연구는 해방 이후, 특히 1950년대에 더욱 활발해졌다. 이에 따라 실학 개념에 대한 여러 견해가 논의되기 시작했다. 특히 천관우는 최남선과 정인보의 견해를 계승하여 영조·정조 연간을 전후하여 일어난 새로운 학풍을 실학으로 규정했다. 그는 실학의 '실實'을 학문적 자유인 '실정實正'과 과학적 학문으로서의 '실증實證', 그리고 현실성을 의미하는 '실용實用'의 실이라고 정의했다. 조선 후기 실학을 근대정신의 태반이자 근대사상의 맹아라고 본 것이다.

1960년대 들어와 실학 연구는 더욱 활발하여 유파별로 구분하기에 이르렀다. '경세치용파', '이용후생파', '실사구시파'로 구분하는 등 한국사의 내재적 발전론으로서 실학이 본격적으로 연구되었다. 근대와 민족이 강조되던 시기를 지나 1980년대 이후에는 민족주의와 근대 지향적 측면을 북학파를 통해 밝혀보려는 연구가 진행되었고, 성리학과 실학의 개념 문제가 함께 논의되기도 했다. 물론 이러한 다양한 시각은 실학에 대한 깊이 있는 연구 성과에서 비롯된 것이지만, 한편으로 실학 용어의 무한대적 범람에 대한 비판적 시각을 낳기도 했다.

국가 개혁을 위해 탄생한 학문

실학은 '개혁'과 '개방'을 요구하는 시대 요청에 부응한 학문이었다. 소중화주의小中華主義라는 낡은 시대의 자폐적인 정신 상황을 반성하는 한편, 국가의 총체적 개혁을 도모하는 것을 학문의 사명으로 삼았다. 17

세기 중엽 명·청 교체에 따른 화이華夷 질서의 해체가 그 신호탄이었다. 병자호란 후 조선은 강대국인 청나라에 대해 겉으로는 사대외교事大外交를 펼칠 수밖에 없었지만, 속으로는 청을 오랑캐〔夷〕로 여기며 중화의 주인으로 인정하지 않았다.

18세기에 들어와 이러한 생각이 점차 변화하여 "충실한 예禮의 질서를 이루면 어느 나라나 중화中華가 될 수 있다"라고 한 성호星湖 이익李漢(1681~1763)의 말처럼 중화주의에서 벗어난 생각이 조금씩 나오기 시작했다. "조선은 조선일 뿐"이라는 성호 이익의 생각은 중국 중심에서 탈피하여 조선 문화의 독자적 가치에 대한 자각이기도 했다. 이어서 청은 결코 오랑캐가 아니며 오히려 훌륭한 문명사회를 이루고 있으므로 청의 문화를 적극적으로 배워야 한다는 논의가 18세기 후반 서울의 진보적인 지식인들 사이에서 일어났다. 북학北學의 선두주자였던 담헌湛軒 홍대용洪大容(1731~1783)이 "화와 이는 마찬가지다〔華夷一也〕"라면서 금기에 가까웠던 화이론을 흔들어 놓았다.

화이론의 변화와 함께 17세기 이후 서양 문물의 전래도 실학의 탄생과 무관하지 않다. 서학西學으로 명명되는 서양 문물과 천주교는 조선의 선각적인 지식인들 사이에서 하나의 유행이었다. 조선 정부는 천주교에 대해서는 부정적인 측면이 컸으나, 과학 문물에 대해서는 긍정적인 편이었다.

예컨대 아담 샬(1591~1666, 중국명은 탕약망湯若望) 등 예수회 선교사들의 주도로 청나라에서 채택된 시헌력時憲曆이 1654년 조선에서도 시행되었다. 18세기 실학자 가운데 서양 문물에 호의적이었던 이익은『성호사설星湖僿說』에서 "지금 실시하는 시헌력은 곧 서양 사람 탕약망이 만든 것인데 해와 달의 교차인 일식·월식이 하나도 틀리지 않으니 성인이 다시 나더라도 반드시 이를 따를 것이다"라며 극찬하기도 했다. 다산 정약용의 경학經學에 자주 등장하는 상제上帝 개념 또한 천주교의 영향을 받은 것이었다.

실학의 발생과 발전에는 17세기와 18세기에 이루어진 여러 개혁정책도 큰 힘이 되었다. 1608년에서 1708년까지 100년의 노력 끝에 시행하게 된 대동법, 1750년에 이루어진 균역법, 1774년 공사노비의 신공身貢 폐지, 도망한 공노비에 대한 추쇄推刷 폐지 등은 백성들의 처지를 크게 개선하는 조치였다. 문제는 이러한 일련의 개혁조치들이 백성의 고충을 해결하는 데 턱없이 부족했다는 점이다.

다산 정약용은『경세유표經世遺表』에서 "법과 제도를 고치는 것은 현자賢者가 해야 할 일로서, 시대 흐름에 따라 제도가 변화되어야 함은 세상의 도리이자 이치이다"라고 했다. 이어서 그는 "임진왜란 이후 온갖 법도가 무너지고 모든 일이 어수선하여 털끝 하나도 문제 아닌 것이 없으니 지금이라도 바꾸지 않으면 반드시 나라가 망하고야 말 것이다"라고 하여 정부의 과단성 있는 개혁조치를 강력히 요구했다.

국가 개혁을 향한 정약용의 욕망은 반계磻溪 유형원柳馨遠(1622~1673)의 정신을 이어받은 것이었다. 국가의 제도를 바꾸는 것이 벼슬아치들의 전유물은 아니라는 것이 그의 생각이었다. "반계 유형원이 법을 고치자고 논의했어도 죄를 받지 않았고, 그의 글도 『반계수록磻溪隨錄』이란 이름으로 나라 안에 간행되었으니 다만 이용되지 않았을 뿐이며, 그가 말한 것은 죄가 되지 않았다"라고 하면서 비록 현직에 있는 관리가 아니더라도 충신과 지사라면 팔짱만 끼고 수수방관할 수 없다는 것이 정약용의 확고한 가치관이었다.

가난과 구태에서 벗어나기 위한 다양한 모색

17세기에 서서히 형성된 실학적 학풍은 18세기 접어들면서 본격적으로 전개되어 학파 혹은 지역에 따라 그 특징을 파악할 수 있을 정도로 발전했다. 첫째가 토지제도 및 국가제도 개혁을 중심으로 조선 사회를 변혁시키고자 하는 학풍으로, 성호 이익을 중심으로 한 남인 출신의 학자들이 대표적이다. 이들은 서울과 가까운 농촌에서 생활한 덕분에 도시 양반들과 달리 농민의 고통이 무엇인지, 어떻게 해야 농민의 생활이 안정될 수 있는지 잘 알았다.

성호 이익을 종주로 이루어진 성호학파는 조선 후기 농업생산력 발전과 이에 따른 토지 소유 문제를 농민의 처지에서 해결하려는 과정에서 성립되었다. 때문에 토지제도와 조세제도, 신분제도, 관리 선발과 임용, 중앙과 지방의 행정체계 등에 대한 개혁론이 중요하게 다루어졌다. 성호 이익의 실학사상은 정상기鄭尙驥, 이중환李重煥, 윤동규尹東奎, 신후담愼後聃, 이병휴李秉休, 안정복安鼎福, 이맹휴李孟休, 권철신權哲身, 우하영禹夏永, 이가환李家煥, 정약전丁若銓, 정약용丁若鏞 등에게 이어졌다.

다음으로 상공업의 유통 및 생산기구 등 기술 혁신을 통해 조선 사회를 변혁시키고자 한 실학 학풍이 있었는데, 연암燕巖 박지원朴趾源 (1737~1805)과 초정 박제가(1750~1805)를 중심으로 한 서울 출신의 실학자들이다. 이들은 서울이라는 도시적 분위기에서 살았기 때문에 조선의 뒤떨어진 경제 사정을 상공업의 진흥과 기술개발을 통해 일신하고자 했다.

당시 조선은 경제적으로 너무나 빈곤하여 헐벗고 굶주린 백성이 많았다. 선비들은 경제 생산과 동떨어진 학문에만 골몰했고 일반 백성의 삶에 유용하고 생활을 풍요롭게 하는 이른바 이용후생의 학문을 등한시했다. "한 동네에서 하루 두 끼를 먹는 집도 두세 집밖에 없을 정도로 가난하여 절약할 여력이 없으니, 빈곤을 극복하기 위해서는 상업의 진흥과 기술개발, 외국과의 통상무역이 필요하다"라는 박제가의 주장은 조선의 빈곤한 현실에서 나온 경제관이었다.

서울 출신의 실학자들은 조선 사회에 만연한 허위의식에 대해 누구보다도 비판정신을 가지고 있었다. 대표적인 허위의식은 신분차별과 소중화의식이었다. 박제가, 이덕무, 유득공 등 서자 출신의 실학자들은 사농공상士農工商을 중심으로 한 조선 사회의 신분 차별에 대해 비판적이었고, 사행단의 일원으로 청나라를 다녀온 뒤로는 중국과 서양으로부터 선진 문화를 수입하여 조선의 문화를 부흥시키고자 했다. 이들은 '북학파北學派'라고도 지칭되는데, 중국으로부터 선진 문화를 흡수하고자 하는 열망이 잘 표현된 명칭이다.

18세기를 거쳐 19세기 전반에는 국가 개혁에 대한 관심보다는 학문적 고증을 위주로 한 실학적 학풍이 일어났다. 청나라의 고증학을 받아들여 조선 학계에 적용한 실학자가 바로 추사秋史 김정희金正喜(1786~1856)였다. 그는 '실사구시설實事求是說'을 통해 헛된 논의를 숭상하지 말고 성현의 도를 실천할 것을 주장했다. 실재에서 올바름을 구해야지 공허한 이론을 가지고 그릇된 곳으로 달아나서는 안 된다고 했다. 그는 옛것에 얽매이지 않고 비판적인 안목에서 엄정히 살펴보고 믿을 수 있을 때까지 사실을 추구하고자 했다.

경학經學을 비롯하여 금석학金石學, 문학, 서예에 이르기까지 김정희는 다양한 분야에서 수많은 연구 업적을 이루었으며, 신분과 출신에 구애받지 않고 자신의 학풍을 따르려는 사람들을 받아들였다. 함께 금석학을 연구한 신관호申觀浩, 이상적李尙迪, 오경석吳慶錫, 강위姜瑋 등이 이들인데, 19세기를 거치면서 실학 학풍이 중인층으로 확대되기 시작한 것이다.

우리 문화에 관심을 가지다

실학은 본래 관념적인 학문을 지양하고 일상생활에 유용한 학문을 지향했기 때문에 자기 나라의 구체적인 사실에 대한 탐구, 즉 조선의 역사, 지리, 언어, 정치, 경제, 문화 등에 관한 연구로 발전했다. 1602년 마테오 리치가 제작한 세계지도인 『곤여만국전도坤輿萬國全圖』에 표현된 새로운 세계관은 종래의 천원지방설天圓地方說과 달리 둥근 지구 표면에 수많은 나라가 존재한다는 사실을 알려주었다. 이 세계지도가 미친 영향은 매우 컸다. 중국이 세계의 중심이라는 중화주의는 근거가 없으며 세계의 모든 나라가 중심이 될 수 있고 독자성을 가진 독립국임을 인식하게 해준 것이다. 조선의 독자성에 대한 자각은 자국의 문화를 연구하는 단계로까지 이어졌다.

자국학에 대한 연구는 역사 분야에서 가장 활발했다. 이익의 삼한三韓 정통론 이후로 조선사가 독립적인 역사로 체계화되기 시작한 것이다. 이익의 역사학을 계승한 안정복은 『동사강목東史綱目』에서 조선의 역사를 단군조선, 기자조선, 마한, 통일신라 및 고려로 체계화했으며, 정약용은 중화는 따로 있는 것이 아니라 문화민족은 다 중화라고 보았다. 언어학에서도 한글이 연구되기 시작해 최석정崔錫鼎의 『훈민정음도설』, 신경준申景濬의 『훈민정음운해』, 유희柳僖의 『언문지諺文志』 등이 간행되었다. 자국학에 관한 연구는 생활서 혹은 농서에서도 주목할 만한 저술로 이어졌다. 박세당朴世堂의 『색경穡經』, 홍만선洪萬選의 『산림경제山林經濟』, 우하영禹夏永의 『천일록千一錄』, 서유구徐有榘의 『임원경제지林園經濟志』 등은 조선 농서의 시대가 활짝 열렸음을 보여준다.

조선 후기 실학과 서유럽의 르네상스

해방 이전의 실학 연구는 실학을 근대의 맹아로 바라보면서 다소 진보적인 특성에 초점을 맞추고 있었다. 해방 이후에는 실학이 보수적인 사상체계였다는 문제 제기도 있었다. 이는 여말선초의 기록에 보이는

'실학'이라는 용어에 대한 견해 차이에서 비롯한 것으로, 이 관점대로라면 실학은 조선 후기의 실학이 아닌 통시대적인 명사로 이해해야 한다. 이러한 연구 동향은 그동안 민족주의와 근대 지향적 성격을 띤 조선 후기의 실학 개념에 한계를 느끼고, 세계주의와 현대 지향적인 새로운 개념의 실학을 모색하려는 의식과도 무관하지 않다.

물론 실학은 조선 후기의 특유한 학풍은 아니다. 유학, 주자학, 근대 과학 등 일상상활에 필요한 실용적 학문을 통틀어 실학이라 일컬어왔다. 그러나 조선 후기의 실학은 유교 경전에 관한 학문적 탐구를 통해 당면한 시대적 과제를 해결하려고 노력했다는 점에 그 특징이 있다.

실학은 학파를 막론하고 자신이 몸담고 있는 사회에 대한 개혁을 지향했기 때문에 궁극적으로는 자기 사회에 관한 탐구로 귀결되었다. 오랫동안 중국 중심의 학문에 매몰되어 있던 조선의 학풍이 자아를 탐구하는 영역으로 나아간 것이다. 자국학의 연구는 이러한 지향점의 결과물이었다. 조선 후기 실학은 단순한 실용과 실증의 학문이 아니라 조선의 언어, 역사, 지리, 산업에 관한 탐구였다.

조선 후기 실학의 성격을 한미디로 규정하라고 한다면, '조선 문화의 독자적 자각'과 '국가 질서의 개혁'이라고 할 수 있다. 바로 이 점이 조선 후기의 실학이 다른 시기의 실학과 구별되는 특징이며, 근세 서양의 르네상스처럼 역사적 실체로서 존재했던 타당한 근거가 된다고 본다.

글·정성희

1장

실학의
개혁론

• 실학자들의 국가체제 개혁론 •

공공성에 바탕한 국가 건설을 위하여

실학자들은 다방면에 걸친 개혁안을 제시했다. 그 방안은 토지 문제, 교육 문제 등으로 나눌 수 있으나, 궁극적으로는 국가체제에 집중된다고 해도 과언이 아니다. 실학자들은 왜 국가체제의 개혁을 주장했는가? 그 이유를 '공公'·'사私' 담론 속에서 찾아보고, 이런 입장에서 실학자들의 국가체제 개혁론을 살펴보고자 한다.

'공'과 '사'라는 문자는 중국에서 나온 것으로 한국과 일본 등에 전파되었다. 다만 각국이 처한 역사적 상황과 조건에 따라 그 의미나 지칭하는 바가 달랐다.

중국에서 '공'은 천자天子나 제후를 지칭하는 공동체의 대표성이라는 의미와 함께 하늘(天)의 초월성을 기반으로 최고 권력자를 견제 또는 비판하는 도덕적 규범성을 내포한다. 공평公平, 공정公正 등의 윤리에는 견제의 측면이 있었던 것이다.

반면 일본에서 '공'은 오오야케(おおやけ: 정부, 국가, 관청)를 가리키며, '사'는 와타쿠시わたくし(개인)를 가리켰다. 공적 영역의 최상위 존재인 천황과 국가가 모든 권위를 독점하면서 견제와 비판을 허용하지 않는 정치의식이 들어 있다.

한국의 경우도 중국의 '공'·'사' 개념과 유사한 형태로 전개되었을 것으로 추정되지만 아직까지 구체적인 역사상을 바탕으로 한 본격적인 연구가 나오지 않은 상태이기에 그 의미를 단정할 수는 없다. 다만 조선시대에는 건국을 전후한 시기부터 새로운 국가의 정체성과 관련하여 '공' 담론을 둘러싼 논의가 있었다. 대표적으로 조선 건국의 밑그림을 그렸던 정도전의 논의에는 '공' 담론이 내재되어 있었다. 그리고 이를 바탕으로 공도公道의 실현을 위한 제도적인 장치가 강구되었다. 토지국유제의 이념인 왕토사상王土思想의 적용이나 공론公論의 정착을 위한 노력 등이 이에 해당한다.

조선에서 '공'은 국가를 의미하는 공가公家, 공실公室 이외에 공족公族 등 특정 대상을 지칭하는 용어에서부터 공전公田을 비롯한 공의公義, 공공公共 혹은 공평, 공정 등의 다양한 용어가 사용되었다. 이에 대비해 '사'의 경우도 사가私家를 비롯하여 사전私田이나 사사로운 의리를 뜻하는 사의私義 또는 사은私恩 등의 다양한 용례가 있다. 양자를 조합한 빙공영사憑公營私(공을 빙자해 사를 영위함)나 협사배공挾私背公(사에 통하고 공을 배반함)

등의 용어도 있다.

'공'·'사' 론에서 그 범주는 동심원적同心圓的인 구조를 띠며, 상대적이고 연속적이라는 특성이 있다. 개인에서 시작하여 가족, 사회, 국가로 외연을 확장하면서 '공'과 '사'의 범주가 변화하게 된다. 개인에 대해서 가족이 '공'이고, 가족에 대해서 사회가 '공'이며, 사회에 대해서 국가가 '공'이 된다. 흔히 말하는 '수신제가치국평천하修身齊家治國平天下(몸을 닦고 집을 안정시킨 후 나라를 다스리며 천하를 평정함)'는 이런 공·사 범주의 상대성과 연속성이 반영된 표현이다.

'공'의 범주에서 최고는 국가다. 조선은 가족의 부자관계를 국가의 군신관계까지 확대한 가부장적인 공동체를 상정했다. 따라서 국가는 최고의 공적 영역이 된다. 실학자들이 다양한 영역에서 개혁론을 제시했음에도 궁극적으로는 국가체제 개혁론으로 모아지는 이유다.

'사私'가 횡행하는 세상

실학자들이 국가체제 개혁을 주장한 것은 당대의 국가나 사회에 '사'가 횡행하는 현실에 기인한다. 유형원은 『반계수록』에서 17세기 조선에 대해 평가하기를, 공평하고 올바른 도리가 없어지고 대신 사사로운 마음에 따라 법을 만들게 됨으로써 '중화'인 명은 이적夷狄인 오랑캐에 의해 어지럽게 되고, 조선은 큰 치욕(병자호란)을 겪게 되었다고 했다. 사심으로 만들어진 법으로 인해 사의私意가 만연하게 되고, 결국 사의로 인해 토지 제도까지 왜곡되었다고 했다. 유형원은 당시 빈부의 격차가 극심한 원인이 토지가 공이 아닌 사유私有가 되어 대대로 전승되는 물건이 되었기 때문이라고 했다.

성호 이익이나 다산 정약용도 '사'의 횡행을 우려했다. 이익은 문벌을 숭상하는 폐해를 지적하는 가운데 과거 급제자들을 문벌을 기준으로 등급을 매기는 것을 비판하면서, "이는 국초에 제정된 법이나 규정이 아니라 중간에 제 뜻에 따라 사정私情을 행사하는 무리가 한 짓인데, 그대로 그릇된 규례가 된 것이다"(『성호사설』, 「인사문」, '상벌尙閥')라고 했다. 토지제도의 문란을 지적하면서도 "대개 토지는 본래 국가의 소유인만큼 개인으로는 자기의 것이라고 감히 단정할 수 없으니 예나 지금이나 미워하고 싫어하는 것은 사전私田에 대한 폐단이다. 사의 반대가 공公이라면 어느 것인들 공전公田이 아니겠는가? 전주田主(땅 주인)란 공전을 빌려서 경작하여 나라에 세금을 바치는 데 지나지 않는 것이다"(『성호사설』, 「인사문」, '전제田制')라고 했다.

다산 정약용도 다음과 같이 말했다.

세상이 쇠퇴하고 도의가 망해져서 선왕先王의 전장典章과 법도가 다 찢기고 없어지니, 임금 된 자는 천하를 자기 한 몸의 사사로운 물건인 양 여긴다. 대저 천하는 큰 물건이요, 천하의 이利는 큰 이인데, 이 것을 국왕이 오로지 자신의 것으로 하려고 생각하여 진실로 천하 사람을 위엄으로 협박하고 통절하게 억제하지 않으면 안 되었다. 이리하여 제 요령껏 혹독한 형벌을 제정하여 천하를 호령하면서, 그것을 법이라 하였다. 이 법이라는 것은 한 사람의 사리私利하려는 마음에서 나온 것이요, 하늘의 질과 서가 아니었다. (……) 지금은 법을 제정할 때 하늘에 근본을 두지 않고 사람의 사심으로써 만든다. 사람이 제 마음대로 만들었으니 그 규제를 기꺼이 받겠는가? (『경세유표』, 「방례초본서邦禮草本序」)

임금이 천하를 개인의 소유물로 여겨 사리私利와 사심私心에 근거해 법을 만들기 때문에 문제가 발생했다는 것이다. 결국 유형원과 이익, 정약용은 '사'가 횡행하는 국가체제는 문제가 많다고 인식하고 '사'를 배제한 공적인 국가 질서를 모색하게 되었다.

'공' 이념을 바탕으로 한 국가와 제도의 개혁

실학자들은 '공' 이념을 통해 '사'를 극복한 국가와 제도의 정비를 주장했다. 유형원은 "법을 만드는 자가 털끝만치도 사사로운 마음을 가지면 만사가 모두 그 올바름을 잃는다"(『반계수록』)라고 하면서 '공'을 실천하는 방안을 모색했다. 국가와 정부의 역할을 통해 공공성을 강조하는 방안이었다. 유형원에 따르면 제도와 정책을 수립하고 운영하는 '조정朝

廷'은 '정正'의 근본으로 시비나 인심의 향배를 결정하는 공공성의 주체였다. 이때 국왕의 역할이 중요한데, 국왕은 사심을 버리고 백성을 공평하게 대해야 한다고 강조했다.

유형원은 이를 바탕으로 국가와 사회의 결속을 높이는 방안을 모색했다. 이때 가장 중요하게 주목한 것이 토지제도였다. 유형원의 토지제도는 토지 사유를 부정하고 모든 토지를 국가에 귀속시키는, '공전제론公田制論'이라고 할 수 있다. 그의 공전제론은 비단 토지제도의 개혁을 위한 것은 아니었다. 그에게 토지제도는 재정·군사 등 국가 운영의 가장 핵심적인 제도로서, 국가와 사회의 공동체적 결속력을 높이는 중요한 부문이었다. 국가 소유의 공전을 백성에게 나누어주어 생활기반을 만들어줌으로써 국가와 사회의 안정을 도모하고자 한 것이며, 이를 기반으로 호적제도와 군사제도는 물론이고 관료 선발과 임용제도의 개혁을 추진했던 것이다.

주목할 점은 유형원의 개혁 구상이 이후 18세기에 현실적으로 구현된다는 사실이다. 18세기 이후 지식인들은 유형원의 『반계수록』에 주목했다. 대표적인 인물이 홍계희洪啓禧다. 홍계희는 사도세자의 죽음과 관련된 인물로, 정조가 즉위한 직후 '역적'으로 몰렸다. 그러나 그는 영조대 중반에 각종 제도의 개혁과 국가적인 사업의 추진 과정에 깊숙이 관여했던 인물이다. 그가 추진했던 개혁의 이념 중 하나가 유형원의 논의였다. 홍계희는 『반계수록』을 "실로 동방에 없었던 책"이라고 극찬하며, 유형원이 제시한 개혁안을 현실에 적용하려고 했다.

그중 하나가 양역良役*의 대책으로 제시한 결포론結布論이었다. 결포론이란 토지 단위로 포를 징수하자는 것으로, 이는 유형원이 제기한 공전제론을 바탕으로 한 것이었다. 홍계희는 양역 문제의 해결을 국가의 공공재인 '공전公田'에서 구해야 한다고 주장했다. 홍계희가 제시한 결포론은 균역법 제정 과정에서 부담의 축소로 인한 부족분을 메우기 위한 대책 중 하나인 결전結錢으로 반영되기에 이르렀다.

'공' 이념을 국가체제 개혁의 이념으로 삼은 것은 성호 이익도 마찬가지였다. 이익은 군신관계에 대해서 "대개 천하란 천하의 공물公物로 한 개인의 사유가 아니다"(『성호사설』 권23, 경사문, 주봉동성周封同姓)라고 했다. 이는 국가가 임금의 사물私物이 아니라 만백성의 공물公物이라는 의미다. 비록 이러한 이념을 강제하는 제도적 장치를 마련하지는 못했으나 '공' 이념을 바탕으로 임금의 무소불위 전제권력을 제한하고자 했다. 이익의 토지개혁론인 균전론 역시 기본적으로 토지는 공공재라는 인식을 바탕으로 한다. 그는 공공의 이익을 중시하고 이익의 원천을 독점하는 행위를 강력히 규제하고자 했다. 그리고 이것은 궁극적으로 균부均賦와 균산均産 같은 '균均'을 위한 것이었다. 이익은 군졸軍卒 등 다섯 가지 불균등함을 설명하면서 다음과 같이 역설했다.

---

* 양역良役: 조선시대 군역은 신분을 불문하고 16세 이상 60세 이하의 정상적인 남성에게 부과된 역이었다. 단, 노비는 제외였다. 그런데 16세기 이후 양반들이 역에서 빠지면서 군역은 양인만이 담당하게 되었기 때문에 양역이라 불렸다.

백성의 부모가 되어서 모든 사람을 아들처럼 기르는 데 있어, 어찌 경중輕重과 원근遠近의 구별을 용납할 수 있으랴? 그러므로 백성 부리기를 마땅히 고르게 하여야 한다. 진실로 한쪽은 수고롭고 한쪽은 편하다면, 아버지가 자식들에 대하여서라도 그 원망을 금할 수 없는 것인데, 하물며 나라의 많은 백성에 있어서랴? 고르게 하려면 먼저 명목名目이 번다하지 않아야 한다. 명목이 같으면 역사役使가 고르게 되고 역사가 고르게 된 뒤라야 원망이 없어진다.

(『성호사설』 권7, 「인사문」, 오불균五不均)

제왕의 자의적 권력 행사를 견제하기 위해서는 제도와 법제의 정비가 필수적이다. 정약용은 제도 정비의 기준을 '선왕先王'의 왕도정치로 제시하되, 그것은 주로 『상서尙書』와 같은 옛 경전을 연구하여 이념적 측면을 계발함과 동시에 왕도정치의 유산이 『주례周禮』에 담겨 있다고 인식했다. 그리고 이를 기준으로 통치체제를 구상한 것이 『경세유표』다.

정약용은 『경세유표』에서 모든 통치권을 임금에게 귀일시키면서 임금과 백성이 직접 연결되는 체제를 구상하여 중간 농단을 차단하고자 했다. 또한 이의 시행을 위한 경제적 기초로 정전제井田制를 실시하고, 토지는 국가가 소유한다는 전제로 농사를 짓는 사람이 점유하는 방식으로 운영해야 한다고 주장했다.

글·이근호

참고문헌

- 김태영, 「다산의 국가개혁론 서설」, 『다산의 정치개혁사상』, 창작과비평사, 1990.
- 송양섭, 「반계 유형원의 '公' 이념과 이상국가론」, 『조선시대사학보』 64, 2013.
- 실학박물관, 『실학박물관 도록』, 2010.
- 원재린, 「성호 이익, 함께 사는 길을 찾아 나서다」, 『내일을 여는 역사』 44, 2011.
- 이근호, 「담와 홍계희의 사회경제정책 구상 ─ 양역변통론을 중심으로」, 『한국실학연구』 27, 2014.
- 이근호 「조선 후기 · '공公' 담론 연구의 현황과 전망」, 『역사와 현실』 93, 2014.
- 이헌창, 「성호의 안민부국론」, 『성호이익연구』, 사람의무늬, 2012.

• 실학자들의 신분제 개혁론 •

모두 양반이 되면 양반이 없어진다

조선 후기 신분제 동요와 사회 계층 간의 이동을 촉발한 데는 여러 가지 요인이 있었다. 농업생산력의 발전에 따라 농민층 가운데 경제적으로 성장하는 계층이 생겨났고, 양반층도 분화를 거듭했다. 중앙 벌열閱閱의 관직 독점이 심화되는 상황에서 지위를 유지하지 못한 채 몰락하여 '잔반殘班'이라 불리는 하위 양반도 나타났다.

사회 계층 내부의 분화와 함께 양반 인구가 급격하게 증가하면서 신분제가 흔들리기 시작했다. 양반층이 끝내 군역軍役의 부담을 지지 않게 되자, 과중한 양역良役을 피해 평민들은 적극적으로 신분 상승을 기도했다.

19세기 중엽 호적대장에 따르면 '거짓으로 유학幼學(벼슬을 하지 않은 유생)으로 불리는 양반'의 수는 50퍼센트가 넘을 정도로 늘어났다. 수많은 하층민의 신분 상승이 양반 인구의 급격한 증가에 영향을 미쳤던 것이다. 이러한 양상은 지배 신분이던 양반의 권위와 희소가치를 점차 떨어뜨렸다.

조선 후기 노비제에도 큰 변화가 생겼다. 노비 중에 부를 축적한 사람은 일정한 대가를 지불하거나 관리와 결탁하여 신분 상승을 도모했다. 이러한 추세 속에서 영조 연간에 편찬된 『속대전』에는 쌀 13석을 납부하면 사노비도 양인이 될 수 있도록 규정했다. 노비는 언제든 천인의 신분에서 벗어나 신분 상승을 할 수 있는 조건이 마련된 것이다. 노비 신분의 해체는 19세기에 들어와 노비 세습제와 매매 금지 등으로 본격화되었고, 1894년 신분제의 폐지와 함께 노비제 또한 종말을 고하게 되었다.

양반 세습제를 비판한 유형원

실학자의 신분제 개혁론은 이러한 조선 후기 신분제 변동의 추이를 반영하며 전개되었다. 실학자들은 조선 사회가 직면해 있던 현실에 대한 성찰을 기반으로 일련의 사회개혁안을 제시했다. 봉건사회 해체기에 처해 있던 당시 사회구조에서 불평등을 야기하는 신분제도의 모순을 지적하고, 능력에 입각한 분업을 통해 조선 사회를 개혁하고자 했다.

실학자들은 개인의 능력보다 문벌을 중시하는 신분적 차별을 조선 사회의 잘못된 인습이라고 생각했다. 이에 그들은 인재의 광범위한 등용과 하위 신분층의 불만을 해소하기 위해 사회 분업적 개념을 신분제 개혁의 기준으로 삼았다.

반계 유형원은 양반 세습제의 개혁을 위해 새로운 학교제도의 운영 방식을 제안했다. 과거제도를 폐지하고 공거제(추천제)로 관리를 선발하는 방식을 구상한 유형원은 읍학邑學(중앙은 四學) → 영학營學(中學) → 태학太學의 새로운 학제 아래 능력에 따라 학생을 선발하고 그 지위를 유지 또는 퇴출해야 한다고 주장했다.

> 학교에 들어간 자는 내사內舍와 외사外舍 모두 나이에 따라 서열을 정하도록 한다.

> 공경의 자제도 서인이 될 수 있으며 귀천을 세습하지 않는 것이 옛날의 도다. (『반계수록』 권10, 공거사목貢擧事目)

능력에 따라 관료를 충원하는 방식을 구상했던 유형원은 양반 신분 세습제의 철폐를 지향하고 있었다. 또한 그는 17세기에 변화하고 있던 노비제도의 개혁안을 제시했다.

> 우리나라는 노비를 재물로 여기는데 대저 같은 사람이면서 어찌 사람을 재물로 삼을 이치가 있겠는가? (『반계수록』 속편, 노예)

유형원은 노비제도의 단계적 철폐를 구상했다. 하루아침에 노비를 전부 없애는 것은 현실적으로 불가능하므로 우선 노비종모법奴婢從母法(아버지가 노비여도 어머니가 양민이면 그 자녀는 양민이 되게 하는 것)을 시행하여 노비 신분의 세습을 줄이고, 여러 관청의 노비에게 급료를 지불하자고 주장했다. 그리고 노비제도 철폐를 위해 기준이 되는 날짜를 정해 이전 출생자에 대해서만 주인이 관청에 신고하면 노비 문서를 만들어 보관하게 하고, 이후에는 일체 허용하지 않도록 했다. 노비제 폐지 이후의 대체인력을 중국과 마찬가지로 노동 대가로서 급료를 지급하는 고공雇工 제도의 운영으로 해결하고자 했다.

"양반도 농사를 지어야 한다"

성호 이익은 『성호사설』에서 나라를 좀먹는 여섯 가지 병폐로 과업課業, 벌열, 기교技巧, 승니僧尼, 유타遊惰, 노비를 들었다. 당시 놀고먹는 양반이 크게 늘어 사회적 폐단이 많아지자 이익은 양반도 농사를 짓게 하자는 '사농합일론士農合一論'을 주장했다.

> 만약에 사士와 농農을 하나로 합하여 법으로써 지도하고 교화시켜 마치 고기가 물에 헤엄치고 새가 숲으로 돌아가는 것처럼 한 다음, 그중에 재덕才德이 있는 자를 초야에서 뽑아 올려 자천하기를 기다

리지 않게 한다면, 백성들이 장차 농사에 종사할 것을 자기 본업으로 생각하여, 눈으로 보고 손으로 익혀 각자가 그 업에 안정될 것이다.

(『성호사설』, 「인사문」, 육두六蠹)

그는 농민들 중에 사대부를 선발하여 충원하고 능력에 따라 등용하고자 했다. 이를 위해 농민을 위한 별도의 과거시험인 역전과力田科를 실시하자고 주장했다.

이익은 귀천을 가리지 않고 군포를 징수하는 호포제戶布制에는 반대했다. 사농합일을 실현하여 신분 세습을 하지 않는다는 전제하에, 자신의 능력으로 관원이 된 사람에게 군역을 부담시켜서는 안 된다고 했다. 관직자에게 군역을 지우지 말자는 입장은 유형원도 마찬가지였다.

이익은 노비에 대한 동정적 입장을 가지고 노비 신분의 세습과 매매를 반대했다.

우리나라 노비의 법은 천하고금에 없는 법이다. 한번 노비가 되면 백 세토록 고역을 겪으니 그것도 불쌍한데 하물며 법에 있어서는 반드시 어미의 신역을 따름에 있어서랴! (『성호사설』, 「인사문」, 노비)

그는 앞서 유형원이 주장한 노비종모법을 시행하고 개인의 노비 소유를 100명으로 제한할 것을 제시하면서 나머지는 속전贖田을 받고 천인의 신분을 면하게 하자고 주장했다. 노비를 점차 양정良丁으로 전환하여 군포를 징수함으로써 국가 재정의 부족분을 해결할 수 있다고 했다. 이처럼 이익은 노비제도의 폐지보다는 불합리한 관행을 개선하여 점차 신분제도의 모순을 해결하려고 했다.

북학파의 신분제 개혁안

농암聾菴 유수원柳壽垣(1694~1755)은 이익과 같은 시대를 살았지만, 생각은 많이 달랐다. 그가 목격한 현실은 이익이 경험한 농촌이 아니라 상공업의 중심으로 떠오른 서울이었다. 유수원은 이용후생의 실현을 위해 양반 문벌을 타파하고, '사농공상'의 평등과 균형적 발전 방략을 제시했다.

이 점에서 그의 사상은 18세기 후반기에 등장한 북학北學 사상과 매우 유사했다. 농공상의 균형 발전, 관제 개혁을 통한 능력 중심의 관료체제 정착, 세금 부담의 합리화를 위해 재산 정도에 따른 균분 균세의 방안이 그것이다.

유수원의 신분제도에 대한 생각은 『우서迂書』에 실린 '문벌의 폐단을 논함[論門閥之弊]'이라는 글에 잘 나타나 있다.

　　사士 · 농農 · 공工 · 상商은 모두 같은 사민四民이다. 만일 사민의 아들을 한 모양으로 행세하게 한다면 높고 낮을 것도 없고 저 편이나 이

편의 차이가 없어서, 물고기는 강호江湖에서 서로를 잊고, 사람은 도술道術에서 서로를 잊듯이 결코 허다한 다툼이 없어지게 될 것이다.

(『우서』권2)

유수원은 "하늘이 재능을 줄 때 어찌 경향京鄕의 차이와 사대부와 서인의 차별을 두었겠는가?"라며, 사민은 신분 고하의 차별이 없다고 생각했다.

이어서 그는 사농공상을 능력에 따라 구별하자고 제안했다. 중국의 예를 들어 농민의 아들이 4~5세가 되면 숙사塾師에게 교육받도록 하여 그 자질을 보아 15세 이전에 사와 농공상을 결정해야 한다고 했다.

유수원은 과거 준비나 벼슬을 하지 않는 사대부는 농업뿐만 아니라 상공업과 같은 생업에 종사하게 해서 사민의 균등을 실현해야 한다고 주장했다. 노비제도에 대해서도 사민일체의 개혁이 이루어진 다음에야 철폐가 가능하다고 보았다.

서울의 도회적 환경에서 성장한 유수원은 성호 이익의 '분배 정의' 중심에서 한 단계 더 나아가 이용후생을 통한 '경제 성장'을 위해 양반층도 상업에 종사해야 한다고 주장했던 것이다.

홍대용, 박지원, 박제가 등의 북학파도 놀고먹는 양반과 신분 세습에 대해서 매우 부정적이었다. 홍대용은 이렇게 말했다.

우리나라는 명분을 중시하여 양반들은 굶주리더라도 팔짱을 끼고 앉아 농사를 짓지 않는다. (……) 사·농·공·상에 관계없이 놀고먹는 자에 대해서는 관청에서 벌칙을 마련하여 세상에 용납할 수 없도록 하여야 한다. (『담헌서』 권4, 임하경륜)

홍대용은 비록 지체 높은 관리의 자제라도 재주와 학식이 없으면 적성에 맞추어 농업이나 상공업에 종사하게 해야 하며, 하는 일 없이 놀고먹는 자를 처벌해야 한다고 주장했다.

이에 대해 박제가는 좀 더 적극적인 대책을 제시했다. 놀고먹는 사람을 나라를 갉아먹는 좀으로 인식한 그는 당시 늘어나는 양반층 문제의 해결 방안으로 양반의 상인화를 추진하자고 제안했다. 즉 육로와 수로의 모든 상업에 양반의 참여를 허락하는 동시에 국가에서 자본과 장비를 대여하여 점포를 개설하도록 하고, 그 성과가 우수한 자를 관직에 등용하자고 했다. 국가에서 양반의 상공업 종사를 적극적으로 지원하자는 주장이었다. 이런 방안이 실현되면 점차 양반 토호의 권세가 줄어들어 자연스럽게 다른 계층으로 옮겨갈 것이라 생각했다.

또한 박지원은 사농공상은 모두 성인聖人에게서 나온 것이라는 인식에서 사대부의 역할을 강조했다. 사대부는 학문으로 농공상을 지도하는 위치에 있지만 실용의 학문을 하지 않아 산업이 피폐하게 되었다고 생각하여 '실학'의 연구를 촉구했다.

평등사회를 지향한 다산 정약용

다산 정약용은 모든 사람은 기본적으로 평등한 관계인데 양반에게 과도한 특혜가 집중되면서 여러 가지 문제가 발생했다고 생각했다.

하늘은 그 신분이 사대부인지 서민인지 묻지 않는다.

바라는 바가 있는데 온 나라 사람들이 모두 양반이 되었으면 한다. 사람들이 모두 양반이 된다면 나라에 양반이 하나도 없을 것이기 때문이다.

이러한 인식을 바탕으로 정약용은 모든 사람을 9개의 직업으로 나누어 배치해야 한다고 주장했다(『목민심서』). 9개의 직업이란 사·농·공·상과 함께 과일과 채소 재배, 베와 비단 짜기, 목재 등 자재 관리, 가축 기르기, 산나물 캐기 등이었다. 종래 신분에 따른 직업에서 사회적 분업에 따른 직능을 한층 세분화한 것이다.

또한 정약용은 『경세유표』에서 부농, 상공업자 등의 신흥 서민층을 관료체제에 흡수하는 방안을 제시했다. 이를 위해 우수한 농민과 공인을 행정직에 발탁하는 직업별 과거제를 주장했다.

아울러 양반사족은 학생 교육 외에 농업에 대한 연구, 기구의 발명, 원예와 목축 등의 실용적 학문을 수행할 것을 요구했다. 이러한 생각은 앞서 박지원에서도 나타난 것으로 이를 실학이라 불렀다.

다만 정약용은 직업의 자유로운 선택보다는 공동체의 필요에 의해 직업을 국가에서 배정하는 방안을 주장했고, 정치는 양반의 전유물이라는 고정관념에서 벗어나지 못해 신분제 개혁 논의에서 미진한 점이 있다.

양반 출신의 한계

결국 실학자들은 신분제도의 불합리성으로 인한 현실적 모순을 실현 가능한 범위에서 해결하는 방안을 모색했다고 할 수 있다. 그들은 노비제가 점차 해체되고 양반층이 늘어남으로써 야기하는 사회적 문제를 해결하는 데 관심을 가졌다.

유형원 이래 양반 세습제를 부정적으로 바라보고 놀고먹는 양반층을 도태시키려는 주장은 이후 실학자들에 의해 구체적인 모습으로 드러났다. 18세기에 이익은 양반도 농업에 종사해야 한다는 사농합일론을 주장했고, 유수원은 한발 더 나아가 사농공상의 신분적 차이를 부정하고 양반도 상공업에 종사해야 한다고 주장했다.

북학파와 정약용은 이용후생의 증대를 위해 농공상을 발전시키고, 사대부들은 실용적인 학문에 종사할 것을 주장했다. 양반사족이 종래의 체제교학의 범위를 넘어서서 근대적 실용 학문, 응용 학문의 길로 들어서기를 주장한 것이다.

다만 실학자들은 신분제의 전면적인 철폐를 주장하는 데 이르지는 못했다. 신분제도 자체를 인습적 관념에서 바라보는 데는 반대하면서도, 만민평등의 원리를 이론화하는 데는 이르지 못했다. 그들에게는 유교적 계층 의식이 여전히 남아 있었고, 또한 양반 출신이라는 한계에서 벗어나지 못했다. 하지만 그들의 주장은 신분제가 점차 무너지는 역사적 흐름 속에서 당시의 시대상을 반영하는 것이라고 할 수 있다.

글 · 조준호

～ 참 고 문 헌 ～

• 김영호, 「정다산의 직업관 ─ 四民九職論을 중심으로」, 『천관우환력기념 한국사학논총』, 1985.
• 김태영, 『실학의 국가 개혁론』, 서울대학교 출판부, 1998.
• 원재린, 「성호 이익의 '造命'론과 신분제 개혁방안」, 『실학사상연구』 2, 무악실학회, 2006.
• 이배용, 「다산의 신분관에 대한 재검토」, 『조선신분사연구』, 법문사, 1987.
• 조광, 「홍대용의 정치사상 연구」, 『민족문화연구』 14, 고려대 민족문화연구소, 1979.

• 다산 정약용의 법과 형벌론 •

법률을 숙지하고 형벌 남용을 경계하라

　순조 초년, 경상도 장기를 거쳐 전라도 강진 유배지에서 18년이란 기나긴 세월을 보내야 했던 조선 실학의 집대성자 다산 정약용. 그의 유배 생활이 다산 개인에게는 불행이었지만 조선의 역사에는 행운이었다고 하는 평가가 있을 정도로, 다산은 고립무원의 유배지에서 고독과 절망을 이겨내면서 학문석으로 눈부신 성취를 이루었다. 그는 유배지에서 탈법과 부정, 형장 남용으로 얼룩진 조선의 현실과 피폐한 백성들의 생활상을 목도하고, 법치와 정의를 실현하기 위한 시급한 대책을 저술을 통해 제시했다.

　이 글에서는 『목민심서』와 『흠흠신서』를 통해 당대의 법집행 상황과 다산의 형벌론을 추적해 본다.

"법은 임금의 명령"

조선 왕조는 중국 명나라의 『대명률大明律』을 기본적인 형법전으로 활용했다. 『대명률』 규정 가운데 조선의 현실에 맞지 않거나, 법규를 새로 만들 필요가 있을 경우 수교受敎(임금으로부터 받은 각종 행정 명령서)를 만들어 사용했다. 이렇게 해서 조선에서 새로 만든 법규(수교)는 특별법에 해당하며, 『대명률』은 일반법으로서 기능했던 셈이다. 현행 법령들을 모으고 왕조의 통치 질서를 정비하기 위해서 조선 왕조 500년 동안 여러 차례 법전 편찬 사업을 진행했다.

특히 영조·정조 시기에는 흐트러진 기강을 바로잡고 체제 정비를 위해 법전 편찬과 사법제도 전반에 대한 개혁이 활발히 추진되었다. 영조는 조선 전기 『경국대전』 간행 이후 200여 년 만에 새롭게 『속대전續大典』을 편찬했으며, 민사·형사 법제를 바로잡고 각종 가혹한 악형惡刑을 금지했다.

영조의 뒤를 이어 즉위한 정조 또한 형정刑政을 왕정王政의 가장 시급한 일의 하나로 인식했다. 즉위 직후에 형구刑具 규격을 세밀하게 규정한 『흠휼전칙欽恤典則』을 만들고, 형조의 소관 사무를 정리한 『추관지秋官志』를 편찬하게 한 것도 그 한 예다. 살인을 비롯한 중범죄를 저지른 사람에 대해서도 신중한 판결을 내리기 위해 역대 임금들이 크게 관심을 갖지 않았던 옥안獄案을 경전 보듯이 읽었다. 이러한 정조의 노력은 재위 기간 그가 판결한 사건을 모아놓은 『심리록審理錄』에서 확인할 수 있다.

이처럼 18세기 국가적인 차원에서 이루어진 형정 정비 작업은 일정한 성과를 거두었지만, 19세기 세도정치의 혼란 속에서 지방사회에 대한 중앙정부의 통제력이 느슨해지면서 지방관들의 법 집행 과정의 문란이 여기저기서 노출되었다. 비판적 지식인이었던 정약용으로서는 이를 그냥 지나칠 수 없었다. 먼저 정약용의 법에 대한 인식을 『목민심서』의 다음 글귀에서 확인할 수 있다.

> 법이란 것은 임금의 명령이니, 법을 지키지 않음은 곧 임금의 명령을 좇지 않는다는 것이다. 신하 된 자가 감히 그렇게 할 수 있겠는가.
>
> (『목민심서』, 봉공奉公, 수법守法 조)

법을 국왕의 명령이라고 규정짓고 철저하게 지킬 것을 강조한 데서, 그의 준법의식과 법에 대한 신념을 확인할 수 있다. 고을에서 벌어지는 다양한 분쟁을 조정해야 하는 수령에게 풍부한 법지식은 필수였지만 현실은 전혀 그렇지 않다는 것이 정약용의 진단이었다. 정약용은 사대부들이 평소 법률을 등한시하고 관련 서적을 제대로 읽지 않는 세태를 강한 어조로 비판했다. 기껏해야 과거시험과 관련한 사부詞賦에만 힘쓸 뿐, 기본적인 법률 서적인 『대명률』과 『속대전』, 법의학 서적인 『세원록洗寃錄』을 읽지 않고도 6품 벼슬에 올라 군현의 수령으로 파견되는 것은 심각한 문제라며 우려했다.

정약용은 평소 법을 숙지해야 함은 물론, 실제 재판에 임해서는 다음

두 가지 태도를 특히 강조했다.

첫째, 아전과 기생 등 아랫사람에게 소송을 맡기지 말고 수령이 직접 챙기라는 것이다. 한갓 서리胥吏의 입만 쳐다보고, 총애하는 기생의 손에 따라 판결이 번복되는 일이 있으면 곤란하기 때문이었다.

둘째, 옥사를 판결할 때 공평무사하게 함으로써 백성들의 신뢰를 회복해야 한다는 것이다. 공평무사하게 한다는 것은 신중하면서도 명쾌하고(明愼), 지체하지 말며(無滯), 의심이 없도록 하고(無疑), 원성을 사서는 안 된다는(無冤) 것이다.

이처럼 정약용은 법을 중시하는 사람이었고, 재판에 임하는 목민관의 자세를 특히 강조했다.

형벌 남용은 통치에 도움 안 돼

앞에서 보았듯이 정약용은 관리들이 법률을 숙지하지 못한 채 함부로 사용하는 현실을 지적했는데, 그가 직접 목도한 더욱 심각한 문제는 지방사회에서 수령이 백성들에게 법으로 정해진 것 이상의 형벌을 일삼고 있다는 사실이었다. 정약용이 지적한 지방사회에서 벌어지는 형장 남용의 실상은 탈법과 불법 그 자체였다.

원래 고을 수령이 집행할 수 있는 형벌권에는 제한이 있었다. 조선시대에 시행된 형벌은 태형笞刑, 장형杖刑, 도형徒刑, 유형流刑, 사형死刑 등

다섯 가지였다. 수령은 이 가운데 가장 가벼운 형벌인 태형 50대까지 칠 수 있었다. 우리가 짐작하는 것보다 형장 집행 권한이 훨씬 적었음을 알 수 있는데, 관찰사의 형벌권도 유형까지이고, 사형 판결은 오직 국왕만이 할 수 있었다. 수령이 태형 50대를 넘는 형벌을 집행하거나, 중죄인을 심문할 때는 반드시 관찰사의 허가를 받아야 했다.

그러나 당시 이런 규정을 제대로 지키는 관리는 많지 않았다. 먼저 정약용은 당시 관리들이 태笞, 장杖, 신장訊杖만으로는 통쾌한 맛을 느끼기에 부족하다고 생각하고 함부로 쓸 수 없는 곤장棍杖을 즐겨 사용한다고 비판했다. 원래 규정에는 군사 업무와 관계된 경우가 아니라면 곤장을 사용할 수 없으며, 관찰사조차도 조정 관리를 지낸 사람에게는 함부로 곤장을 칠 수 없었고 이를 어긴 관리는 남형률濫刑律로 처벌하도록 했다. 따라서 내지內地의 수령은 곤장을 함부로 사용할 수가 없는데, 근래 습속이 흐리멍덩해져서 법규를 알지 못하여 죄를 다스릴 때 오직 곤장을 쓴다는 것이다.

다음으로 고문할 때 정강이를 30대까지 때리는 신장訊杖 또한 관찰사에게 보고하지 않고 멋내로 시행했디. 한번 수령의 비위를 건드렸다가는 아전이나 좌수·별감, 심지어 예로써 대우해야 할 향교 유생과 사족士族에게까지 멋대로 신장을 써서 고문을 했다.

수령의 곤장, 신장 남용과 함께 또 하나 우려스러운 일이 도적을 다스릴 때 쓰는 악형惡刑을 일반 평민에게 경솔하게 시행하는 일이었다. 조선 후기 강도범과 절도범은 난장亂杖과 주리라는 무거운 고문을 당했다. 난장은 양쪽 엄지발가락을 한데 묶어놓고 발바닥을 치는 것인데, 1770년 (영조 46)에 폐지되었다. 그러나 정강이 사이에 몽둥이 두 개를 끼우고 벌려서 고통을 가하는 주리는 여전히 남아 있어서 수령이 종종 시행했다고 한다.

정약용은 백성들이 한번 주리 틀기를 당하면 평생 부모 제사도 지내지 못할 정도로 다리가 망가진다고 언급하며, 절대 이런 악형을 사용하지 말 것을 당부했다.

조선시대 사대부는 예로써 백성을 교화하도록 힘쓰는 것이 최선이며, 형벌로 백성을 다스리는 것은 말단의 방법이라고 인식했는데, 정약용도 예외가 아니었다. 통치를 위해 불가피하게 형벌을 쓸 수는 있지만, 형장을 남용하는 것은 풍속을 교화하고 고을을 통치하는 데 전혀 도움이 안 되기 때문이었다.

한편 정약용은 형장을 가할 때 부녀자와 노약자는 특별히 배려해주어야 한다고 생각했다. 큰 죄를 저지른 부녀자에게 불가피하게 형장을 가할 수는 있지만, 볼기를 치는 것은 치욕스러운 일이므로 차라리 신장으로 종아리를 치라는 것이다. 아울러 어린이와 나이가 많은 노인, 병이 든 사람은 법전의 규정을 준수하여 고문하지 말 것을 당부했다. 남형濫刑을 경계하는 가운데 특히 노약자와 여성을 배려하는 정약용의 마음가짐을 읽을 수 있는 대목이다.

죄수에게도 선정을 베풀어야

정약용은 여러 해에 걸친 벼슬살이와 유배지 강진에서의 체험을 바탕으로 당대 지방사회 형정의 실상과 문제점을 예리하게 진단했다. 그런데 그의 연민은 백성은 말할 것도 없고 감옥에 갇힌 하찮은 죄수들에게까지 미쳤다. 정약용은 그의 저서 『목민심서』의 「형전刑典」에 '휼수恤囚' 조문을 별도로 두어 당시 감옥에서 자행되던 각종 폐단을 열거하며 이에 대한 관심을 목민관들에게 당부했다.

먼저 정약용은 감옥을 '양계陽界의 귀부鬼府', 즉 이승의 지옥과 같은 곳이라고 묘사하고 그곳에 갇힌 옥수獄囚들의 고통을 잘 헤아려주는 것이 어진 사람의 도리라고 말했다. 그 자신이 옥고獄苦를 치른 바 있기 때문에 누구보다도 그 고통을 절감하고 있었다.

1801년(순조 1) 정약용의 셋째 형 정약종丁若鍾이 천주교 서적을 소지하고 있다가 발각되면서 천주교와 관련된 남인들이 대거 체포되었다. 정약용 또한 이 사건에 연루되어 옥에 갇히게 되었다. 게다가 같은 해 황사영黃嗣永 백서사건으로 다시 한 번 유배지 장기에서 국문장으로 압송되어 고문을 견뎌야 했던 그였다.

그는 감옥살이의 고통을 '옥중오고獄中五苦'라고 표현했다. 형틀의 고통, 토색질당하는 고통, 질병의 고통, 추위와 배고픔으로 인한 고통, 오래 갇혀 있는 고통을 말한다. 사실 조선시대 감옥은 미결수들이 있던 곳이었다. 당시에는 형이 확정되면 신체형을 당하거나, 특정 지역에서 노역과 귀양살이를 하거나, 사형을 당하거나 하는 것이 있었을 뿐 지금처럼 감옥에서 징역을 살게 하는 형벌은 없었다. 하지만 옥사가 발생하면 사건 처리가 지체되기 일쑤였고, 범인뿐만 아니라 관련자나 목격자들까지도 판결이 날 때까지 기약 없이 옥에 갇혀 있어야 하는 체옥滯獄이 빈번히 발생했다. 백성들도 생활하기 빠듯한 상황에서 이들 죄수에게 제대로된 음식과 잠자리를 내줄 리 만무했고, 이 때문에 죄수들은 감옥에서 여러 가지 고초를 견뎌야 했다.

특히 토색질과 가혹행위는 상상 이상이었는데, 옥졸들이 고참 죄수들과 합세하여 신참 죄수를 괴롭히고 돈을 뜯어내는 일이 비일비재했다. 유문례踰門禮, 지면례知面禮, 환골례幻骨禮, 면신례免新禮 등은 당시 감옥에서 행해지던 다양한 신고식이었다. 『목민심서』에 나오는 1783년(정조 7) 황해도 해주 감옥의 신참 죄수 박해득朴海得 시망 사건은 바로 옥졸과 고참 죄수들이 신참 죄수의 돈을 뜯기 위해 가혹행위를 하다 벌어진 일이었다.

정약용은 이러한 문제들에 대한 해결책을 제시했는데, 그중에서도 핵심은 역시 큰 죄를 저지르지 않는 한 백성을 가급적 옥에 가두지 말라는 것이었다. 특히 농민이 농사철을 놓치는 일이 없도록 모내기 할 때나 추수기에는 살인사건과 같은 중대 사건이 발생하더라도 정범正犯 이외에는 가두지 말라고 당부했다. 또한 불가피하게 감옥에 갇힌 죄수의 경우 명절날에 집으로 휴가를 보내주는 은혜를 베풀어주고, 심지어 죄수가 오랫동안 옥살이를 하는 경우 대를 이을 수 있도록 아내와 감옥에서 지낼 수 있게 해줄 것을 수령들에게 조언했다.

지방의 각 고을에는 감옥에 갇힌 죄수들과 달리 다른 지방에서 유배 온 죄인들도 있었다. 유배인들은 정치범에서부터 일반 형사 잡범까지 다양했는데, 정조대에는 한 고을에 유배인이 10명을 넘지 않게 했다. 정약용은 감옥 내 죄수와 별도로 유배 온 죄인들의 안타깝고 측은한 사정을 헤아려서 이들에게 집과 곡식을 주어 편안하게 머물게 하는 것이 수령의 책임임을 환기시켰다. 아울러 귀양 온 사람에게 휴가를 보내주는 것은 법에 어긋나는 일이지만, 집안이 확실한 경우 못할 것이 없다고까지 주장했다. 법을 지키되, 그렇다고 법조문에만 얽매여서는 곤란하다는 생각. 이는 법과 원칙을 중시하면서도 현실에 맞추어 유연하게 정책을 펼칠 줄 알았던 다산 정약용만이 생각해낼 수 있는 발상일 것이다.

살인사건에 대한 정약용의 생각

정약용의 형정론에서 또 하나 주목할 점은 그가 살인 같은 인명人命 사건에 많은 관심을 가졌다는 사실이다. 정약용은 죽은 사람의 사망 원인을 밝히고 사건을 해결하기 위해서는 법의학, 형법 등에 관한 지식이 중요하다고 생각했고, 이를 전문적인 학문으로 다루어야 한다고 여겼다. 성리학 이외에 법학, 의학 등의 실용 학문을 등한시하던 당대 사대부와는 확연히 다른 태도다.

정약용은 이러한 생각을 담아 『흠흠신서』를 편찬했다. 『흠흠신서』는 당시 중국과 조선에서 발생한 살인사건들을 유형별로 분류하여 수사 및 재판과 관련한 문제점과 자신의 비평을 덧붙인 것으로 조선 역사에서 전무후무한 법률 서적이다. 정약용이 우리나라 최초의 판례 연구서라 할 수 있는 이 책을 집필한 이유는 바로 군현에서 발생하는 살인사건의 일차적인 조사와 처리를 맡은 지방관의 무거운 책임을 강조하기 위해서 였다.

『흠흠신서』 서문에서 정약용은 당시 지방관들의 미숙한 살인사건 처리를 신랄하게 비판했다. 그에 따르면 살인사건은 군현에서 종종 일어나는 일이라 지방관이 자주 접하는데도, 사건을 수사하고 죄인을 밝혀내는 것이 엉성하여 늘 잘못된다는 것이다. 더욱이 정조 치세에는 옥사 처리를 잘못한 감사와 수령이 파직당하는 등 강한 문책이 있었지만, 순조 이후에는 기강이 바로서지 않아서 억울하게 옥살이를 하는 사람이 늘었다며 당시 상황을 꼬집었다.

실제로 당시 지방 고을에서 살인사건이 발생하면 그 마을은 쑥대밭이 되었다. 수령이 시신을 검시하고 사건을 수사하는 과정에서 아전衙前의 횡포가 극심했기 때문이다. 큰 사건이 발생하면 백성의 고혈을 짜낼 기회라고 판단한 아전과 군교軍校들이 시신 검시 및 수사를 빙자하여 민가로 쳐들어가서는 마음대로 설쳐대며 세간을 약탈했다. 또한 살인사건 가해자 외에도 죄 없는 목격자, 이웃 사람들까지 덩달아 조사를 받았고, 무고한 사람이 몇 달씩 감옥에 갇혔다가 집안 재산이 거덜나고서야 풀려나

기도 했다. 한마디로 살인사건이 터지면 그 마을은 패촌敗村이 되기 십상
이었다.

일이 이렇게 되자 민간에서는 살인사건이 발생해도 마을을 지키기 위
해 신고하지 않고 숨기는 일이 비일비재했다. 이는 정말 심각한 문제가
아닐 수 없었다. 유배지에서 오랫동안 백성들과 호흡한 정약용은 경험
상 살인사건이 일어나도 열에 일고여덟은 관에 고하지 않고 처리된다고
까지 말하고 있다. 이는 다소 과장된 지적일 수도 있지만, 당시 살인사건
수사와 관련한 폐단이 얼마나 심각했는지 짐작할 수 있다.

살인사건 처리와 관련한 잘못된 관행과 가렴주구를 없애야 한다고 주
장한 정약용은 옥사를 처리하는 관리의 핵심 덕목을 제시하는 일 또한
잊지 않았다. 그것이 바로 책 제목에 나오는 '흠흠欽欽'이었으니, 인명에
관한 일을 신중하고 또 신중하게 처리하라는 뜻이다.

그런데 '흠흠', 즉 옥사 처리를 삼가고 삼가야 한다고 해서 모든 죄를
덮어놓고 너그럽게 용서하라는 뜻은 아니었다. 용서할 수 있는 사안은
융통성을 발휘하되 결코 원칙을 어기지 말라는 것이 그의 주장의 핵심이
었다. 인명 존중의 정신과 함께 법치의 구현을 강조한 그는 『흠흠신서』
에서 이러한 생각을 구체적인 사례별로 예시하여 법을 집행하는 관리들
에게 좋은 지침이 되기를 바랐다.

오랜 유배생활 동안 백성을 위하는 학문을 멈추지 않았던 다산 정약
용. 앞에서 언급한 것처럼 항상 백성의 편에 서서 잘못된 관행과 탈법을
비판하며 진지한 해결책을 모색하던 그의 법사상과 형정론은 그가 오

늘날까지도 조선시대의 위대한 학자, 실학의 집대성자로 불리는 이유를
알 수 있게 해준다.

글·심재우

이상적인 토지제도를 찾아서

조선은 처음부터 명확한 원칙에 따라 세워진 나라였다. 고려 말의 혼란한 상황에서 우연히 생겨난 국가가 아니었다. 물론 건국 초기 어지러운 상황에서 건국 세력이 계획한 대로 모두 되지는 않았지만, 그 계획의 변화된 내용을 살펴보면 그들이 처음 세운 원칙에서 크게 벗어나지 않았다는 것을 알 수 있다. 후일 그 계획을 종합한 책이 바로 『경국대전經國大典』이다. 말 그대로 '나라를 경영하는 큰 원칙'이라는 뜻이다.

그런데 나라가 건국되고 200여 년이 지나면서 조선의 현실은 건국 초와는 크게 달라져 있었다. 더구나 16세기 말에서 17세기 전반까지 조선은 커다란 위기를 연달아 겪었다. 이때 유형원이 저술한 책이 『반계수록』이다. '수록隨錄'이란 여러 책을 읽다가 그때그때 적어놓은 글이라는 의미다. 대단히 겸손한 표현이지만, 『반계수록』은 처음부터 끝까지 논리적으로 잘 짜인 국가 개혁의 청사진이다.

『반계수록』은 전체 26권으로 구성되었는데 1권, 2권의 제목이 '전제田制'다. 뒤따르는 모든 내용은 '전제'라는 기초 위에 잘 쌓아올린 건축물처럼 구성되었다. '전제'를 글자 뜻대로 한글로 바꾸면 '토지제도'다. 그런데 정확히 말하면 '토지제도'와 '전제'는 같은 뜻은 아니다. '토지제도'라고 하면 우리는 토지 소유권에 대한 내용만을 연상하지만, '전제'는 토지 소유권뿐만 아니라 조세제도까지 아우르기 때문이다.

유형원의 이상적 토지제도

유형원이 이상적인 토지제도로 생각했던 것은 중국 고대에 실시되었다고 하는 정전제井田制다. 고전적 정전제는 '정井'자 모양으로 9등분으로 구획된 토지제도의 운영을 뜻한다. 이 정자형井字形 토지에서, 주위에 있는 토지가 사전私田이고 가운데 있는 토지가 공전公田이다. 사전에서 수확한 곡식에는 세금이 부과되지 않았다. 대신 사전을 경작하는 사람들이 공동으로 공전을 경작하여 수확한 곡식은 모두 국가의 몫이 되었다. 땅의 소유권이 아닌 수확한 곡식의 귀속에 따라 붙여진 말이다. '사전'을 경작하는 사람은 국가에서 '사전'을 받는 반대급부로 '공전'에서 일하는 것 이외에 한 가지 의무를 더 졌다. 군인으로 복무하는 의무였다.

유형원은 당시 조선 현실에서 적어도 두 가지 원인 때문에 정전제를 실시할 수 없다고 생각했다. 첫째는 은결隱結이 너무 많았다. 은결이란 숨겨진 땅, 즉 중앙정부가 파악하지 못한 땅을 말한다. 당시 고을마다 은결이 없는 곳이 없었는데, 은결은 경제적 무질서와 부패의 온상이었다.

다른 하나는 토지 겸병兼併 문제였다. 겸병이란 소수의 사람이 많은 토지를 소유한 상태를 뜻하는 말이다. 넓이가 고정된 땅에서 소수의 사람이 많은 토지를 소유한다는 것은, 반대로 다수의 사람이 토지를 잃어가는 것을 뜻한다.

겸병의 폐해는 은결의 폐해보다 훨씬 심각했다. 겸병이 확대될수록 많은 사람들이 자기 땅을 잃고 남의 땅을 빌려서 농사지어야 했다. 이렇게 되자 경작자들은 지력地力 향상을 위한 노력을 하지 않게 되었다. 지력 향상을 위해서는 여러 해에 걸친 노력이 필요한데, 나중에 그 노력의 결과가 자기 것이 되리라는 보장이 없기 때문이었다. 이러한 문제로 인해 결국 지력은 점차 고갈되었고, 경작지는 황폐화되는 결과에 이르렀다.

겸병의 더 큰 문제는 겸병이 국가와 백성(民) 간의 관계를 끊어버린다는 것이었다. 국가는 땅을 매개로 백성들과 연결되었다. 겸병이 확대되어 자영농민이 전호佃戶, 즉 소작인이 되면 그들은 국가가 아닌 지주의 울타리 안으로 들어가게 된다. 그렇게 되면 국가로서는 세금과 군역을 부과할 수 있는 백성을 잃게 된다. 한번 이렇게 되면 국가가 아무리 세금을 가볍게 해도 그 혜택은 땅 없는 백성이 아닌, 지주에게 돌아가게 된다. 결국에는 어떤 국가정책도 효과를 내기 어렵게 된다.

옛날부터 지금까지 모든 국가 수준의 경제제도가 충족해야 하는 요소들이 있다. 그 요소들이 충족되지 않으면 어떤 경제제도도 지속되기 어렵다. 현재 우리가 살고 있는 자본주의 경제제도 역시 예외가 아니다. 국민 개개인의 경제적 삶을 가능하게 하고, 국가 운영을 위한 경제적 자원을 확보할 수 있어야 한다. 정전제는 그것을 단순한 형태로 잘 보여준다.

정전제는 토지와 노동을 결합시키는 하나의 방식이다. 이를 통해서 백성들은 살아가는 데 필요한 물자를 얻고, 정부는 국가 운영에 필요한 조세와 국방을 위한 병력을 안정적으로 조달받는다. 요컨대 정전제는 경작지와 노동력을 결합시켜서, 사람들이 국가에 대한 부담을 공평하게 나누고, 스스로 살아갈 수 있는 물적 기반을 확보하게 해준다.

사전 1	사전 2	사전 3
사전 8	**공전**	사전 4
사전 7	사전 6	사전 5

고전적 정전제. 토지를 정井자 모양으로 9등분하여 운영하는 토지제도.

유형원은 고전적 정전제를 그대로 실시해야 한다고 생각하지는 않았다. 하지만 정전제의 원래 취지를 실현하는 것에 대해서는 대단히 집요했다. 그가 추구하는 핵심 목표는 정전제를 시대 현실에 맞는 개혁론으로 만드는 것이었다. 이를 위해 그가 주장한 것이 공전제다. 공전제는 고전적 정전제처럼 토지를 정자형으로 구획하지 않고도 정전제와 동일한 효과를 내도록 계획된 제도였다. 요약하면 공전제는 토지 사유와 거래를 금지하고, 백성들이 자신의 신분과 직역職役(신분별로 개인이 국가에 대해 갖는 의무. 평민 성인 남성의 군역軍役이 대표적인 예다)에 상응하게 차등적으로 토지를 지급받고, 세금은 토지 소출의 10분의 1을 내는 것이었다.

『반계수록』은 조선이 청나라에 의해서 유린당하고, 겸병이 급속히 확산되는 현실에서 저술되었다. 이 책은 당시 조선 현실에 대한 유형원의 깊은 고민의 산물이었다. 하지만 그가 주장한 공전제 자체도 현실의 강고함을 뛰어넘지 못했다. 그의 공전제론에서 가장 핵심적인 문제는 땅 없는 백성이 어떻게 땅을 확보할 것인가였다.

그런데 유형원은 이 문제에 대해 현실적인 해답을 내놓지 못했다. 그는 훌륭한 임금이 마음을 다해서 공전제를 실시하면 백성들이 복종할 것이라고 말했다. 요컨대 국가가 선포하면 토지제도가 사전제에서 공전제로 순조롭게 전환될 것이라고 여겼다. 여기에 대해서 『반계 유형원 연구』를 통해 실학 연구의 장을 처음 열었던 천관우는, 유형원이 자신의 주장이 당대에 실현될 것으로 생각하지 않았다고 보았다.

이익의 한전제 토지개혁

성호 이익은 유형원보다 59년 늦은 1681년에 태어났다. 두 사람 사이에는 약 60년의 시간차가 있었다. 겸병 문제는 이미 유형원이 국가 운영과 민생 차원에서 그 폐단을 정확히 지적한 바 있었다. 그런데 이익의 시대에서 보면 유형원 시대의 겸병은 시작에 불과한 것이었다. 이익은 전제田制에 대해서 유형원과 다르게 이해하거나 다른 원칙을 천명하지 않았다. 다만 겸병 확대로 인한 토지 소유의 양극화 정도에서 두 사람이 살았던 시대 사이에는 커다란 차이가 있었다. 바로 그 점 때문에 두 사람의 토지개혁의 내용도 다를 수밖에 없는데, 이익은 유형원이 주장한 공전제 대신에 한전제限田制를 주장했다.

이익 역시 정전제를 가장 이상적인 토지제도로 보았다. 하지만 이 제도를 현실에서 곧바로 실현할 수는 없다고 생각했다. 토지 소유 양극화의 당연한 귀결인, 막대한 토지를 소유한 지주들의 강력한 반발 때문이었다. 현실에서 경제적 부는 정치적 힘 그 자체이거나 혹은 그것과 긴밀히 연결된다. 이익은 중국 전한前漢 말에 정전제 시행을 시도했던 왕망王莽(기원전 45~기원후 23)이 거대 지주들의 반대로 패망하고 그 개혁도 중단된 사실을 지적했다. 그래서 그는 거대 지주들의 반발을 최소화하면서 점진적으로 빈부를 고르게 할 수 있는 방법으로 한전론을 제안했다.

성호 이익은 왕망의 개혁이 기득권 세력의 반발로 좌절되었음을 지적하면서, 점진적인 방법을 새로이 제안했다.

한전제에서 핵심 개념은 영업전永業田이다. 평균적 소농이 자활할 수 있는 최소 면적의 토지를 의미하는 개념이다. 그는 영업전의 규모를 넘는 양반 지주의 토지에 대해서는 자유로운 매매의 허용을 주장했다. 국가가 강제로 토지를 몰수하는 것에 따른 지주들의 저항을 피하기 위한 방법이었다. 또 그는 장기간에 걸쳐 토지가 분할 상속되는 과정에서 거대 지주가 점차 소멸할 것이라고 예상했다.

영업전 개념에서 더욱 중요한 측면은 영업전의 매매 금지였다. 거대 규모의 토지 소유에 대해서는 그 분할을 유도하고, 일정 규모의 토지 소유에 대해서는 국가가 안정적 유지를 도와주는 정책이 바로 한전제였다. 겸병이 전염병처럼 확대되는 상황에서 소농의 토지 소유를 안정시키기 위해서는 국가가 적극적으로 나설 필요가 있다고 판단했던 것이다. 이익은 영업전을 사고파는 사람 모두를 엄벌할 것을 주장했다.

박지원의 한전제 토지개혁

연암 박지원은 이익보다 56년 뒤에 태어났다. 그는 63세가 되던 1799년에 지은 저서 『한민명전의限民名田議』에서 한전제 토지개혁안을 제시했다. 이 책의 장점은 당시 농촌 현실을 생생하게 담았다는 것이다. 그는 1797년(정조 21) 7월에 충청도 면천 군수에 임명되었다. 이 시기의 경험이 『한민명전의』에 고스란히 녹아 있다.

박지원의 토지개혁안은 유형원과 이익의 토지개혁안과 크게 다르지 않다. 무엇보다 그는 농촌의 가장 큰 문제를 거대 지주들에 의한 토지 겸병으로 보았다. 지주들의 저항을 최소화하기 위해서 점진적인 토지개혁을 주장했다는 점에서 이익과 전혀 다르지 않다. 또 토지 소유에 일정한 제한을 가하면 수십 년이 지나면서 상속 등의 방법으로 토지 소유가 점차 균등해질 것이라고 예상한 점도 이익과 마찬가지였다.

이익과 박지원 모두 토지 소유 규모에 일정한 제한을 두어, 겸병으로 인한 양극화를 완화하고자 했다. 그런데 두 사람이 제한을 두는 방식에는 차이가 있었다. 그것은 겸병 현상에 대한 이해에서 비롯되었다. 이익은 영업전에 대한 매매 금지, 즉 자영농이 자활할 수 있는 최소 단위 경작지인 영업전을 지키는 방식으로 겸병 확대를 제한하려 했다. 반면에 박지원은 토지 소유 규모의 상한을 정하는 방식으로 겸병 확대를 막으려 했다. 그것은 그가 농촌에서 관찰한 결과에 따른 것이었다.

박지원은 이렇게 말했다. "저 호부豪富 겸병자들도 빈민들의 경작지를 강압적으로 팔게 하여 단번에 모두 자기의 소유로 만든 것은 아닙니다. 그 부강한 자산에 의거하여 편안히 앉아 아무 소리 하지 않아도 사방에서 경작지를 팔려는 사람들이 제 손으로 토지문서를 가지고 매일 부잣집 문전에 찾아옵니다."

자영 소농들은 자주 돌아오는 흉년을 버티기 힘들었다. 어느 해가 되었든 흉년은 들게 마련이었다. 그때 농민들이 할 수 있는 것은 내년은 어찌되든 땅이라도 팔아서 당장 그해를 넘기는 것이었다. 이익의 한전제는 영업전을 지키는 방식이었지만, 현실성이 없었던 것이다.

정약용의 토지개혁, 정전법

실학이란 실제 현실에 대한 학문을 뜻하기에, 그 속에는 늘 긴장감이 들어 있다. 왜냐하면 단순히 현실을 이해하는 데 머물지 않고 그것을 더 나은 상태로 바꾸는 것이 실학의 목적이기 때문이다. 요컨대 실학은 현실 이해와 그에 대한 개혁을 모두 아우른다.

정약용은 유형원보다 140년 뒤, 이익보다 81년 뒤인 1761년에 태어났다. 이러한 시간 차이는 그의 토지개혁론이 이전 실학자들의 토지개혁론과 다를 수밖에 없는 가장 큰 이유다.

정약용은 수많은 책을 저술했지만, 스스로 꼽은 대표 저술은 '1표表 2서書', 즉 『경세유표』, 『흠흠심서』, 『목민심서』다. 『목민심서』는 지방 수령이 지켜야 할 준칙을, 『흠흠심서』는 조선시대의 형옥刑獄을, 『경세유표』는 세금 문제를 중점적으로 다루고 있다. 세 권의 책이 모두 국가 운영에 관한 것으로, 국가 운영에서 그가 가장 중요시한 문제는 세금과 형벌의 운영에 관한 것임을 알 수 있다. 그는 다방면에 관심을 가졌지만, 역시 그 중심에 있는 것은 경세經世 문제였다. 그의 토지개혁론인 정전제는 『경세유표』에 자세히 서술되어 있다.

정약용이 주장한 정전제는 얼핏 보기에 유형원이 말했던 것과 별로 다르지 않다. 그는 경작지 10결에서 1결을 공전으로 만들고, 9결을 사전으로 만들어, 9결의 사전 경작자들이 1결의 공전을 가꾸어서 국세에 충당하는 것을 정전제로 이해했다. 이때 9결의 사전에 대해서는 일체의 세금이 부과되지 않는다. 그런데 그가 말하는 사전은 유형원이 말하는 사전과는 의미가 많이 다르다.

본래 정전제에서 사전은 수확한 곡식의 귀속에 따라 붙여진 말이었다. 하지만 정약용의 사전은 사적 소유지를 뜻했다. 그는 자기 시대의 지배적인 토지관계가 지주제라는 것을 분명히 알고 있었다. 그럼에도 사전 경작자에 대한 언급에서 그가 그 땅의 주인인지 땅을 빌려 농사짓는 전호인지를 구분하지 않았다. 그런 구분 자체를 일부러 하지 않았던 것으로 보인다. 그는 지주제를 인정했다. 최소한의 현실을 인정하지 않으면 그것을 바꿀 수 없기 때문이었다.

정약용에게 사전은 사적 소유지를, 공전은 국유지를 뜻했다. 따라서 정전제를 시행하기 위해서 가장 중요한 문제는 공전을 어떻게 마련할 것인가였다. 그는 이 문제에 대해 자세히 서술했다. 유형원이나 이익에게서는 볼 수 없는 모습이다. 그는 국가 자산을 이용해서 공전을 확보하는 여러 가지 방법을 자세히 서술했다. 나아가 국가가 공전을 모두 사들일 필요는 없고, 지주들의 자발적 기부를 유도하는 것도 가능하다고 주장했다. 아전들의 탐학에 지친 부자들의 자발적 양도를 기대하는 것이 비합리적이거나 비현실적인 기대가 아니라는 말이다.

지주제에 대한 태도와 함께 정약용이 이전의 실학자들과 구분되는 점은 노동력과 경작지를 짝 지우는 방식에 대한 인식이다. 유형원은 정전제의 핵심이 백성에게 항산恒産, 즉 자활 가능한 일정한 면적의 경작지를 제공하는 것이라고 생각했다. 이를 위해서는 노동력을 기준으로 경작지를 나누어야 했다. 하지만 정약용의 생각은 달랐다. 그는 오히려 경작지를 기준으로 노동력을 배치하는 것이 정전제라고 주장했다. 토지 소출을 가장 잘할 수 있도록 노동력을 배치해야 한다는 것이다.

이러한 노동력과 경작지의 결합 방식에 대한 인식 차이는 유형원과 정약용의 개인적인 생각보다는 그들이 살았던 시대의 차이에서 비롯된다. 유형원이 살았던 17세기 중반에는 백성들이 경작지 말고는 다른 경제적 기반을 확보하기가 어려웠다. 물론 정약용이 살았던 18세기 말과 19세기 초반에도 농업은 여전히 가장 중요한 산업이었다. 하지만 농업이 유일한 산업은 아니었다. 수공업과 상업이 일정 수준으로 발전했던 것이다. 이 때문에 정약용은 경작지와 짝 지워지지 않는 사람들도 다른 직업에 종사하여 농부와 더불어 서로 생산물과 기능을 교환하여 살아가야 한다고 말했다. 사람이 살아가는 데는 밥 이외에도 수공업자가 만들고 상인이 운반하는 다양한 물건이 필요하기 때문이다.

정약용은 국가가 토지 소유권을 직접 나눠주는 방식으로 백성들의 살림을 책임질 수는 없다고 보았다. 정약용은 다른 두 가지 방식이 민생을 담보할 수 있다고 생각했다. 첫째는 조세 운영을 원칙대로 하는 것이고, 둘째는 농업을 포함한 다른 다양한 직업을 권장하는 것이다. 국가가 할 일은 백성들 모두가 경작지를 갖도록 하는 것이 아니라 적절한 일자리를 갖도록 하는 것이라고 생각했다. 그는 결코 민생을 포기한 것이 아니었다.

유형원이 생각한 정전제의 목적은 국가 운영에 필요한 물자를 얻고, 동시에 민생을 안정시키는 것이었다. 정약용도 결코 이 두 가지를 포기하지 않았다. 다만 변화된 현실에 알맞은 방식으로 이 문제에 접근할 것을 요구했다. 또한 정약용은 선배 실학자들이 그랬던 것처럼 현실에 대한 개혁 의지를 놓지 않았다.

글·이정철

가난한 나라 조선을 바꾸자

　조선은 농업 중심의 사회였기 때문에 논밭에서 일한 만큼, 땀 흘린 만큼 보상을 받는 것만이 정당한 이익이라는 생각이 지배적이었다. 그런데 상업은 생산자가 만든 상품을 유통 단계를 거쳐 소비자에게 파는 과정에서 이윤을 남기는 구조이므로 이들 상인이 얻는 이익은 모두 정당하지 못하다고 생각했다. 농부가 땀 흘린 만큼의 대가보다 훨씬 많은 이윤을 챙긴다고 본 것이다. 정당한 이윤이 아니라 부당하게 취한 이익이라는 생각이 지배적이었다.

　뿐만 아니라 상공업과 유통이 발달하지 못한 탓에 상품의 지역 편중성이 심해서 어느 곳에서는 넘쳐나는 물건이 다른 곳에서는 너무나 귀해 구하기 힘든 현상도 나타났다. 하지만 당시 권력자들은 권력과 돈을 움직여 유통되지 않은 상품을 가져다 생산지와 먼 곳에 팔거나, 많이 나오는 계절에 쌓아두었다가 값이 비쌀 때 파는 방식으로 이익을 꾀하는 것에 대해서도 사기이고 도둑 심보라고 인식했다.

조선은 초기부터 외국과의 무역을 차단했다. 중국이나 일본과의 외교관계는 유지했지만 사신단을 통한 극도의 제한된 통상만 이루어졌다. 국내 상공업의 미비와 국제무역의 부재는 더욱더 상품의 부재 혹은 편재 현상을 가져왔다. 생산품이 유통되지 않으므로 도로와 교통, 수송수단이 미비했고, 고대부터 이용해오던 수레도 사용이 제한되거나 수레바퀴 등의 제작기술이 발달하지 못해 물자의 이동이 어려웠다. 그러니 당연히 운송비가 비쌀 수밖에 없었다. 백성이 거주하는 집에도 제대로 된 가구가 하나 없거나 작은 가구 정도만 두고 살았던 이유도 큰 가구를 제작하기 위한 나무 등의 원자재나 부피가 큰 완성품의 이동이 쉽지 않았기 때문이다.

조선은 왜 가난한가

상공업을 천시하던 분위기에서 상공업자들은 무슨 수를 써서라도 양반이 되어보려고 노력했다. 돈으로 공명첩을 사거나 족보를 사서 양반 행세를 하고 싶어했다. 그렇게 해서 양반이 되면 일을 하지 않았다. 혹시 여의치 않더라도 상공업자가 아닌 농부로 남아 있으려 했다. 이 때문에 조선 후기 양반은 놀고먹는 족속 또는 나라의 큰 좀이라는 비난을 받았다. 아무리 가난해도 양반입네 하고 일할 생각조차 하지 않았기 때문이다. 일하는 것 자체를 신분과 결부 지어 생각했다.

이런 현상이 조선 후기까지 거듭되어 조선 사람들은 가난했다. 국가 재정은 열악했고, 군대를 유지하기도 힘들었다. 18세기 서구에서는 근대 자본주의가 확산되고 산업혁명이 일어나 날로 발전하고 있었지만 조선은 그대로였다. 경제적 격차가 벌어졌고, 제국주의 국가에게 침략당할 위험도 증가했다.

18세기 중엽 영국에서 시작된 산업혁명은 서양과 조선을 포함한 동양 간의 격차가 더욱 벌어지는 계기가 되었다.

유수원과 박제가는 혁신적인 개혁안인 상업 진흥 방안을 내놓았다. 유수원과 박제가의 국부론의 출발점은 왜 조선이 가난한지에 대한 의문이었다. 유수원은 사농공상이라는 기본적인 직업에 신분제가 덧씌워진 생각을 바꿔놓는 획기적인 방안을 내놓았다. 사, 농, 공, 상을 평등한 직업으로 육성해 전문화시켜야만 나라가 부유해질 수 있다고 생각했다. 즉 사대부, 농민, 공인, 상인이 각자 자신의 역할을 담당하여 직업의 전문성을 높일 때 사민의 일이 골고루 발전하여 국가 재정을 확보하고 군대도 유지할 수 있다는 논리였다.

박제가는 놀고먹는 양반들에게 상업을 장려하여 이익을 추구할 수 있도록 해서 놀고먹는 폐단을 없애자고 하는 한편 국제무역의 중요성을 강조했다. 1786년(정조 10) 정조에게 정책 건의안을 제출하면서 "우리나라의 큰 병폐는 가난입니다. 조선 건국 이래 400년 동안 다른 나라와 통상하기 위해 떠난 배가 한 척도 없었습니다"라고 지적했다.

18세기 조선이 당면한 과제는 국부의 증진이었다. '산업 생산력을 어떻게 높여야 하는가', '산업을 어떻게 재편할 것인가', '그것을 위해 국가와 국민은 어떤 정책과 어떤 마인드의 변화가 필요한가'라는 질문에 가장 혁신적인 전략을 제시한 사람이 바로 유수원과 박제가였다. 비슷한 시기 영국의 애덤 스미스는 『국부론』을 저술했다. 유수원과 박제가가 제안했던, 백성을 부유하게, 국가를 부강하게 하는 방안은 애덤 스미스가 제시한 "경제학은 (……) 인민과 국가를 모두 부유하게 하려는 것이다"라는 사상과 통하는 것으로 볼 수 있다.

유수원과 박제가, 그리고 애덤 스미스

임진왜란 이후 상품의 유통이 활발해지고 화폐경제가 발달하면서 이런 변화를 바라보는 두 가지 시선이 있었다. 상업 발달에 의한 사회 변화를 부정적으로 보고 농업 중심으로 재편하자는 농업 중심론과, 상공업과 무역을 살리자는 상업 진흥론이었다. 특히 상업 진흥에 의한 국부론을 주장한 사람은 유수원과 박제가였다.

유수원은 1694년 충주에서 태어났다. 본관은 문화이고 호는 농암이다. 어려서 아버지가 돌아가시자 서울에서 벼슬하던 친척의 집에서 자랐다. 1718년(숙종 44) 유수원은 문과에 합격하여 벼슬길에 나섰다. 그의 집안이 소론이었기 때문에 숙종 말년부터 경종과 영조대에 이르기까지 소론과 노론의 부침 속에서 벼슬 생활이 평탄하지 못했다. 특히 작은아버지 유봉휘가 신임사화 때 주모자로 지목되어 노론에 의해 탄핵당한 뒤 유배 중 죽었기 때문이다.

유수원은 30대에 큰병을 앓아 귀머거리가 되었는데, 이 무렵부터 '농암'이란 호를 쓰게 되었다. 이후 연구와 저술에 심취하면서 『우서』라는 혁신적인 부국론을 담은 책을 저술하게 되었다.

1737년(영조 13)에 이종성이 유수원을 국가의 제도 연혁에 능통하다며 추천하면서, 그가 저술한 『우서』를 영조에게 소개했다. 1741년(영조 17)에는 조현명의 추천을 받아 비변사의 문랑이 되었고, 유수원이 올린 관제 개편안을 시행하게 되었다. 그러나 1755년(영조 31) 나주 괘서사건 후 시행된 과거시험에서 반란을 예고한 글이 나타나면서 소론에 대한 대대적인 숙청이 벌어졌다. 이때 유수원도 대역부도大逆不道라는 죄목으로 처형되었다.

『우서』는 중국 사마광의 『우서』처럼 문답체로 쓰여 있다. 그러나 논문 형식을 취하고 있으며 서론 6개 항목, 69개의 본론, 2개 항목의 결론으로 구성되었다. 조선이 가난하게 된 원인에서부터 사민의 직업 분화 및 전문화, 국가 주도의 강력한 상업정책 및 상공업 발전 등을 주장했다. 하지만 처형된 사람의 저서였기 때문에 주목받지 못하다가 1970년대에 들어서 연구가 진행되었다.

박제가는 본관이 밀양이고 호는 초정, 정유, 위항도인이다. 우부승지를 지낸 박평의 서자로 서울에서 태어났다. 1778년(정조 2)부터 네 차례 중국에 다녀왔고, 규장각 검서관 등을 지냈다. 1801년(순조 1) 신유박해로 인해 유배 갔다가 1805년 풀려난 뒤에 죽었다. 이덕무, 유득공 등의 서얼 출신들이 '백탑시파'를 결성한 이후 박지원, 정철조, 백동수, 이서구, 서상수, 유금 등에 의해 모임이 계속 유지되었다. 이들의 글은 중국에까지 널리 알려졌고, 이들의 시집이 『한객건연집韓客巾衍集』이란 제목으로 중국에서 출판되었다.

박제가의 연행 경험은 『북학의北學議』로 모아졌다. 『북학의』는 박제가가 첫 번째 북경을 다녀온 뒤 석 달 만에 저술했다가 이후 보완되었다. 어려서부터 공부하기를 즐겨 하다가 '경제'라는 학문을 좋아하게 되었고, 중국을 접한 경험으로 그의 혁신적인 생각이 더욱 확대되어 『북학의』에 담겼다. 그는 이 책에서 당시 조선의 근본적인 문제가 가난이라고 보고, 백성을 부유하게 하고 국가를 부강하게 하는 방법을 제시했다. 즉 국제무역을 통한 소비의 확대로 국내 상업을 발전시키고 외국의 선진기술을 도입하여 국부를 이루자는 것이었다.

부자에 대한 생각

조선 후기에는 상업이 점차 발달하고 도시로 사람들이 모이면서 상업에 종사하는 인구가 늘어났다. 이들은 상품을 유통하고 판매하는 일로 돈을 벌기 시작했다. 이에 따라 이윤 추구를 죄악시하던 인식도 점차 바뀌어갔다.

유수원은 일반 백성들이 가지고 있던 생각, 즉 부당한 방법으로 이익을 추구하고 사리사욕을 챙기는 행위를 비롯하여, 양반들이 자신의 권력을 이용하여 비도덕적으로 이익과 부를 축적하는 것을 강하게 비판했다. 반면에 정당한 방법으로 정당한 노력을 들여서 부를 축적하고 사회에 기여하는 이윤 추구는 옳다고 보았다. 그리고 더 나아가 정당하게 벌어서 부자가 된 사람이 가난한 사람을 부리는 것은 당연하다고 생각했다. 즉 '가난한 사람이 부자에게 고용되고 사역되는 것은 불변의 진리'라고 했다.

부자가 가난한 사람을 부리는 것이 당연하다면 부자의 횡포나 갑질을 용인하는 것이라고 생각할 수도 있다. 그러나 유수원이 말하는 부자는 정당한 노력으로 부를 축적하고 동시에 사회적 기여를 담당하는 것이 필수적인 요소였다. 부자는 가난한 국가가 못하는 도로, 다리, 저수지 같은 사회 간접자본을 부담해야 한다는 것이다. 자본을 많이 가진 부자나 상인이 자신의 재산을 지키고 늘리기 위해서는 상품의 생산과 유통, 소비를 원활하게 해주는 이런 사회 간접자본을 스스로 만들 수밖에 없다는 것이다. 이들이 저수지를 만들고 도로와 다리를 놓으면 자연히 교역이 늘고 상품이 활발하게 유통되어 더 많은 이윤을 얻을 것이고, 그러면 부자들은 또다시 다리 건설 등에 투자해서 더 많은 자본을 축적할 수 있을 것이다. 또 국가는 대상인이나 수공업자로 등록된 이들로부터 많은 세금을 받아낼 수 있으므로 국가 재정도 튼튼해질 것이라는 논리였다.

따라서 유수원이 말하는 부자는 정당한 방법으로 돈을 벌되, 사회에 재산을 환원하는 것처럼 국가나 국민에게 필요한 부분을 대신 담당하고 기여해야 한다는 것이다. 사리사욕, 영리 추구를 긍정한다는 측면에서 부자를 긍정적으로 평가했지만, 요즘의 개념으로 본다면 과중한 의무를 진 부자, 이익 추구를 인정하되 엄격한 도덕적 개념을 부과하는 것이라고 볼 수 있다.

물론 유교적인 사회 분위기에서 부자를 옹호하는 발언이기 때문이기도 하지만, 기본적으로 부자라면 예절을 알고 상식적인 도를 지키며 명예를 중시해야 한다는 믿음이 있었다. 유수원이 생각하는 부자는 대자본을 소유하고 있고 어느 정도 지식을 가진 양반을 전제로 하는 것이다. 그는 부자들이 학교를 지어서 지역의 교육 사업에 재산을 투자하고, 도로나 저수지 같은 기반시설을 건설함으로써 자신의 재산 확대뿐만이 아니라 그 지역민들의 자유로운 이용과 생활 편의를 도모하고, 지역의 가난한 사람들을 자신의 사업에 고용하는 등의 방식으로 사회에 기여하기를 기대했던 것이다.

이러한 유수원의 부자 개념은 애덤 스미스가 『도덕감정론』에서 말하는 도덕사회와 상당히 닮아 있다. 애덤 스미스는 자신의 이익을 위해서 행동하면서도 타인에게 공감할 줄 아는 사회가 도덕사회이며, 이기심을 인정하면서도 그 이기심을 적절하게 제어하고 공정하게 관리할 경우에 사회적 이익을 증진할 수 있다고 말했다. 이런 기본적인 생각을 바탕으로 『국부론』을 전개한 것이다.

유수원도 부자의 이익 추구를 인정하되 그들의 사회적 역할을 강조함으로써 국가와 백성 전체가 이득을 볼 수 있어야 한다고 말했다. 또 국가도 적극적으로 이익을 추구해야 한다고 했다. 강력한 국가권력을 행사해서 어염과 같은 자원을 국가가 운영하여 이익을 내서 재정에 충당하고, 백성에게는 세금 부담을 줄여야 한다는 것이다.

생산력을 증진하려면?

조선에서는 상업이 발달하면 생산량이 줄어든다고 생각했다. 농부들은 힘들게 일하면서도 이익이 적은 데 비해 상인들은 생산된 상품을 소비자에게 파는 일을 할 뿐인데도 그 이익은 터무니없이 많다고 본 것이다. 베짱이처럼 놀다가 잠깐씩 일하는데 농부들보다도 더 많은 이익을 차지하는 것은 불공평하다고 생각했다. 또 상업이 발달하면 이렇게 이익이 많이 나는 상업 쪽으로 사람들이 몰리게 되므로 상대적으로 생산을 담당하는 농업이 축소될 것이라고 우려했다. 따라서 국가가 생산력을 늘리는 방법은 상인을 최소화하고 농민을 최대로 늘리는 것이었다. 국가는 사치를 금지하고 최대한 검약해서 생산물을 효과적으로 사용해야 한다고 보았다. 이런 관점에서 보면 절약은 미덕이고 소비는 나쁜 것이었다.

상업을 통한 생산성 향상을 주장한 유수원도 검약과 불필요한 소비를 제한하는 것이 필요하다고 보았다. 이런 관념에 정면으로 반박한 사람이 바로 박제가였다. 박제가는 오늘날 우리가 들어도 놀랄 만한 혁신적인 주장을 폈다.

중국이 사치로 망한다고 하면, 우리나라는 반드시 검소함으로 인해 쇠퇴할 것이다. 물건이 있음에도 불구하고 쓰지 않는 것을 검소함이라고 하지, 자기에게 없는 물건을 스스로 끊어버리는 것을 일컫는 것은 아니다. 재물은 우물과 같다. 퍼 쓸수록 자꾸 가득 차고 이용하지 않으면 말라버린다. 비단을 입지 않기 때문에 나라 안에 비단 짜는 사람이 없다. 그릇이 비뚤어지는 것을 개의하지 않으므로 교묘함을 일삼지 않아, 나라에 공장과 질그릇 굽는 곳, 대장간이 없어 기예도 사라졌다.

당시 조선 사람들은 북경에서 온갖 사치품을 보고 와서는 이제 중국이 망할 때가 되었다고 했다. 필요 없는 물건을 만들어 비싼 값에 거래하는 것 자체가 중국이 망해가는 징조라고 본 것이다.

그러나 박제가는 오히려 우리나라 사람들이 검소라는 개념 때문에 물건을 생산하지도 않고 내게 없는 물건에 대해서도 검소하다는 핑계로 쓸 생각조차 하지 않아서 결국 아무도 그 물건을 만들지 않는다고 말했다. 필요로 하는 사람이 없기 때문에 물건을 생산하는 사람도 없다는 것이다. 조선 사람들이 가난해서 그 물건을 쓰지 못하는 것이지 단지 검소하기 때문에 그런 것은 아니라고 하면서 가난과 검소를 구분했다. 따라서 박제가라고 하면 가장 먼저 떠오르는 명제인 '재물은 우물과 같다'라는 생각이 나오게 된 것이다. 또 생산된 물건조차도 그저 그 물건이 있는 것으로만 만족하고 그 물건이 찌그러졌는지 기능이 부족한지 등을 따지지 않았다. 이 때문에 생산기술이 발달하지 않는다는 것이다.

박제가는 이렇게 소비는 나쁜 것이 아니라 생산력을 높이는 근원이라고 생각했다. 중국에 있던 각종 골동품과 서화, 사치품은 필요 없는 물건이 아니라 높은 문화수준이 반영된 물건이었고, 당시 과학기술의 집약체였다. 또 가치가 높은 상품이므로 가격도 비쌌다. 이런 사치품의 수요 증가는 과학기술의 발전을 자극했고, 생산 경쟁이 일어나자 생산기술 또한 더욱 발전할 수 있었다. 박제가는 이런 점을 높이 평가했다.

상품 유통 수단에 대해서도 박제가는 중국의 선진기술을 배워서 배와 수레를 개선하고 도로와 다리를 정비하자고 주장했다. 특히 수레의 이용을 강조했다. 수레가 다니기 시작하면 길은 저절로 만들어진다고 하면서, 이런 유통 수단의 확대는 생산을 늘려 물가를 안정시키고 시장을 통합시켜서 결국 소비자들의 삶을 풍족하게 해준다고 보았다. 유수원도 유통, 운송, 교통의 개선이 물가를 안정시키고 상품의 고른 판매가 가능하다고 했는데, 수레 제작이나 도로, 교량 정비는 대상인이 주도해야 한다고 주장했다.

국가는 상인자본을 육성하고 키워야

유수원의 상업 발전 전략은 사농공상의 사민이 각기 자신의 직업에 종사하며 전문화하는 것에서 시작한다. 국가가 주도하여 이들 상공인들을 등록, 관리하고 상인자본을 육성해서 상업을 키워나가는 것이었다. 이 과정에서 양반도 당연히 상업에 종사할 수 있도록 해야 한다고 생각했다.

예를 들어 국가가 자본을 대어 소금을 직접 생산하고 이를 대상인에게 판매하면 대상인이 수레나 배로 운송해서 도시의 소상인에게 넘기고, 소상인은 각자 촌락에 판매하는 것이다. 이렇게 국가가 소금산업을 관리하면 국가 재정을 확보할 수 있을 뿐만 아니라 과세를 공평하게 하는 수단이라고 보았다. 국가의 엄격한 관리는 이뿐만이 아니다. 호적법을 엄격하게 시행하여 세원을 철저히 파악하는 것이 세금을 균등하게 거두는 방법이라고 생각했다.

이런 인식의 연장선상에서 국가가 강력하게 상인들을 관리함으로써 상인자본의 축적도 가능하다고 보았다. 모든 상인이 등록하고, 대자본을 가진 대상인이 점포를 개설하게 함으로써 더 많은 상품의 유통을 통해 대규모의 이윤을 남기도록 하는 것이다. 그리고 소상인과 행상 등을 이들 점포에 소속되게 하면 상거래 질서가 유지된다고 보았다. 이렇게 모은 상인자본은 자연히 국가 재정의 확보로 이어져 국부가 증진된다고 여겼다.

이처럼 유수원은 모든 국민이 직업을 가짐으로써 생산을 늘리고 생산된 물자를 원활하게 유통하여 공급할 때 시장이 활성화된다고 주장했다.

민간 주도의 국제무역으로 상업을 발전시키자

박제가의 상업 진흥 전략은 국제무역을 기반으로 한 소비시장을 확대하여 생산을 자극하고 이를 통해 국부를 증진시키자는 것이다. 조선은 쇄국정책으로 민간의 국제무역이 차단되어 있었고, 이 때문에 조선 밖의 견문이 전혀 없는 상태였다. 따라서 단순히 수입 물자에 대해 무지할 뿐만 아니라 고급문화나 선진문화에 대한 식견도 없었다.

박제가는 국내 상품의 지역별 편중을 해소하기 위해 도로 개발 및 운송수단을 적극적으로 개량해야 한다고 주장했다. 그 결과 국내 시장을 통합하고, 외국 시장과의 원활한 연결로 소비시장을 더욱 확대할 수 있다고 생각한다. 이런 소비의 확대는 다시 생산을 자극하여 생산량을 높이게 된다. 수요가 증가할수록 생산량도 증가하게 되는데 이 과정에서 생산 단계는 더욱 분업화 및 정교화되며, 생산 경쟁은 기술 개발을 촉진하고, 원료와 부품의 표준화를 추진함으로써 생산량이 획기적으로 증가한다고 주장했다.

박제가의 이런 구상은 「효좌서회曉坐書懷」라는 시에 집약되었다.

육로로 재화가 연경과 통하지 않고	陸貨不通燕
바다 상인은 일본 땅을 넘나들지 못하네.	海賈不輸倭
비유하자면 들판의 우물이 있는데	譬如野中井
물 긷지 않아 저절로 말라버리는 격.	不汲將自渴
민생 안정의 여부는 보물에 달려 있지 않으니	安貧不在寶
경제생활의 방도가 날로 힘들어짐을 걱정하노라.	生理恐日拙
지나치게 검소하면 인민이 즐거워하지 않고	太儉民不樂
지나치게 가난하면 도둑이 많아진다네.	太窶民多竊

해석하자면 이런 뜻이다. 나라가 가난한 것은 무역이 제대로 이루어지지 않고, 국내 유통도 부진하기 때문이다. 그런데 이런 현상은 우물물을 긷지 못한 것처럼 부의 속성을 활용하지 못한 탓이다. 백성이 부유해지는 것은 각 집마다 보물을 가지고 있는지에 달려 있지 않고, 경제생활을 제대로 영위하느냐에 달린 문제다. 조선에서 지나치게 검소한 생활을 강조하여 백성들이 행복감을 느끼지 못하고 있고, 또 지나치게 가난해서 도둑이 늘어나는 사회 현실을 꼬집은 것이다. 이것이 박제가의 핵심적 경제사상이고 상업 진흥 전략이다. 백성들의 소비 수준을 기본 가치로 삼아서 백성의 행복한 정도를 표현하고 있다.

돌아온 것은 비난과 무시

유수원과 박제가의 제안은 혁신적인 상업 진흥책을 담고 있음에도 정책에 반영되지 못했다. 당대 사람들은 그들의 주장을 듣고 놀라는 반응을 보였을 뿐이다.

세상 사람들은 유수원의 글을 읽고서는 놀라고 이상하게 여기며 수군거리다가 급기야 떼를 지어서 비난했다. "저 사람이 이런 책을 써서 뭐하려는 거지? 이걸 시행해서 나라를 운영해보겠다는 건가!"

박제가는 중국에서 보고 느낀 것을 말하려고 무던히도 노력했다. 그러나 사람들은 그의 말을 들어주려고도 믿으려고도 하지 않았다. 사람들은 지금의 중국이 과거의 중국이 아니라고 하면서 되놈의 중국이라고 심하게 비난하고 비웃고 무시했다. 청을 배우고 청의 장점을 아무리 설명해도 비웃을 뿐이고 망발을 한다며 대꾸하지도 않으므로 이제는 더 이상할 말이 없어 자포자기 심정으로 책을 쓰고 있다고 했다.

유수원은 영조 시대 사람이었고, 박제가는 정조 시대를 살았다. 또 각각 영조와 정조를 만나보고 개혁안을 제시한 경험이 있다. 영조는 유수원에게 "자기 마음속에서 우러나온 저술이어서 참으로 귀한 책이다"라고 했고, 정조는 박제가에게 비답을 내려주었다. 그러나 거기까지였다. 처절한 성찰로 가난한 조선을 부강한 국민, 부강한 나라로 만들어보고자 시도했던 개혁안은 신분제적인 인식, 직업에 대한 차별 등으로 인해 상업 중심의 사회적 환경이 조성되지 못했고, 국제무역의 미비, 선진기술과 문화에 대한 폐쇄성으로 인해 유수원과 박제가의 혁신적인 개혁안은 그야말로 시안으로만 남게 되었다.

글·노혜경

조세제도, 국가 운영과 개혁의 본질

국가의 종류는 다양하다. 시대와 지역에 따라 국가는 다양한 방식으로 운영되었다. 하지만 어떤 국가이든 두 가지 기능만은 공통적으로 가지고 있다. 둘 중 하나라도 빠지면 국가가 기능을 할 수 없는데, 그것은 바로 세금과 형벌이다. 조선 왕조 역시 마찬가지였다.

고려시대에 농부 A는 농사지어서 나온 소출의 일부를 정부에 세금으로 납부하거나, 아니면 관리 B에게 직접 납부했다. 정부가 농부 A의 세금을 직접 받아서 관리 B에게 지급하지 않았던 이유는, 곡물 운송에 비용이 많이 들기 때문이었다. 농부 A가 인근에 있는 관리 B에게 직접 납부하면 운송에 따른 노력과 비용을 절약할 수 있었다. 당시 조건에서는 합리적인 방법이었다. 이 세금제도에서 농부 A는 세금을 중앙정부나 관리 B 중 어느 한쪽에만 냈고, 어느 한쪽에만 내는 한 농부 A의 입장에서는 아무래도 좋았다.

이때 중앙정부에 세금을 내는 땅을 공전公田, 관리 B에게 세금을 내는 땅을 사전私田이라고 불렀다. 공전과 사전은 땅의 소유권이 아니라, 세금의 귀속에 따라 구분되었다.

고려 말 신흥사대부들이 500년 가까이 지속된 고려 왕조를 무너뜨리고 새 왕조를 건설하기로 마음먹은 이유는 무엇이었나? 가장 중요한 이유 중 하나는 세금제도의 문란과 붕괴였다. 지배층은 욕심을 통제하지 못하고 세금제도 운영에서 심각한 실수를 저질렀다. 이런 식이었다.

지배층은 이미 공전이나 사전으로 지정된 땅에 대해서 추가로 세금을 거두기 시작했다. 만약 그 땅이 사전이라면 기존의 관리 B가 엄연히 존재하는데, C의 자격으로 세금을 거두었던 것이다. 그리고 시간이 지나면서 D, E 등의 관리가 차례로 나타났다. 농민 A의 입장에서는 세금을 바쳐야 할 대상이 여러 명이 된 셈이다. 이렇게 되자 농민 A는 농사를 지어도 자기 몫을 가질 수 없게 되었다. 농사를 지어야 할 이유가 없어진 것이다. 이 상태가 지속되면 당연히 나라를 유지할 수 없게 된다. 실제로 이 문제 때문에 고려는 망했다.

조선을 건국한 신흥사대부들은 세금제도의 운영이 얼마나 중요한지 잘 알고 있었다. 이를 잘 운영하지 못하면, 신생 왕조 조선도 전 왕조의 전철을 밟을 게 뻔했다. 이 문제를 해결하기 위해서 만든 제도가 1444년(세종 26) 성립까지 30년 가까이 걸린 공법貢法이다. 완성하는 데 걸린 시간을 고려하면, 조선은 건국(1392)되고 얼마 지나지 않아 세금제도 개혁에 착수했음을 알 수 있다. 결론부터 말하면 공법은 고려 말 젊은 사대부들이 자신들이 생각해오던 이상 국가를 구현하기 위해서 만들어낸 제도였다. 이 공법이야말로 조선이 건국하면서 백성들에게 지킨 약속이었다. 역사적 맥락에서 본다면, 17세기 중반에 성립된 대동법은 200년 전 공법의 재해석이자 시대 변화에 맞춘 재정립이었다.

시장과 화폐가 없던 시절 세금 징수 방법

조선의 조세제도는 조租, 용庸, 조調로 운영되었다. 표로 정리하면 아래와 같다.

구분	조	용	조
다른 이름	전조田租	요역 + 군역	공물(진상)
부과 대상	경작지	사람(남자 성인)	고을
수취 물품	쌀, 콩	노동력	지역 특산물
부과자 – 납부자 관계	왕-백성		왕-수령

조용조, 조선시대에 조세제도로서 운용되었다.

용庸이 성인 남자의 노동력을 징수하는 것이라면 조租와 조調, 즉 전조와 공물은 물품을 징수하는 것이다. 다만 거두는 물품은 크게 달랐다. 전조는 쌀과 콩을 거두었고, 공물은 쌀과 콩 이외의 각종 지역 특산물을 거두었다. 1444년(세종 26)에 성립된 공법은 전조에 대한 개혁입법이고, 후일 성립되는 대동법은 '공물+요역'에 대한 개혁입법이다. 공물에 요역이 따라붙는 이유는 두 가지가 명확히 구분되지 않기 때문이다. 개별 고을이 공물을 확보하고 중앙에 납부하는 과정에서 자연히 요역이 동원되었다. 전통사회에서 물건을 운반하는 것은 매우 어려운 일이었다.

오늘날에는 세금을 화폐, 즉 돈으로 낸다. 우리가 장을 볼 때 필요한 물품을 얻는 대신 돈을 지불하는 것과 다르지 않다. 세금은 정부가 도로를 닦고, 다리를 놓고, 군대를 유지하고, 외교를 하는 데 쓰인다. 다시 말해 우리는 세금을 내는 대신 도로, 다리, 무기, 외교를 사고 있는 것이다. 그것들이 장바구니에 담기는 쌀이나 고기는 아니지만, 공동체의 일원으로서 살아가기 위해서 필요한 것들이라는 점에는 차이가 없다.

그런데 왜 옛날에는 국가가 화폐로 세금을 거두지 않고, 이렇게 복잡하고 번거롭게 세금을 걸었을까? 여기에는 이유가 있었다. 오늘날 우리가 어떻게 돈으로 물품을 살 수 있는지를 생각하면 금방 답이 나온다. 돈만 내면 필요한 물건을 살 수 있는 것은 사회적 조건이 갖춰졌기 때문이다. 그것은 우리가 필요로 하는 물품을 누군가 다른 사람이 언제나 만들 수 있고(제조), 필요한 곳이라면 어디든지 운반할 수 있으며(운반), 필요한 사람이 집어들 때까지 언제까지라도 보관(저장)할 수 있기 때문이다. 다시 말하면 지금 우리가 어떤 물건이 필요할 때 시장이나 마트에 가서 살

수 있는 것은, 생활에 필요한 거의 모든 물품의 생산, 운반, 저장을 자유롭게 할 수 있는 사회이기 때문이다. 인류 역사에서 이것이 가능하게 된 것은 아무리 길게 잡아도 채 100년이 안 된다. 지금도 많은 곳에서는 여전히 이것이 부분적으로 혹은 전적으로 불가능하다.

국가와 중앙정부의 등장은 현대 화폐경제보다 훨씬 오래되었다. 특히 중국과 한국이 그렇다. 국가를 운영하려면 노동력과 물자, 오늘날로 말하면 예산이 필요했다. 그 예산은 오늘날과 다른 조건에서 마련되어야 했다. 조, 용, 조는 바로 이러한 조건에서 탄생한 제도다. 시장이 발달하지 못하고, 화폐경제가 작동하지 않는 조건에서 국가 운영에 필요한 자원을 얻는 방법이 바로 조, 용, 조였다. 간단히 말하면, 전조와 공물은 그것이 생산되는 시기에, 생산되는 장소에서, 생산자에게 직접 요구하여 거두어졌다.

조세제도의 변질

조선은 건국 초에 조, 용, 조 중에서 전조를 중심으로 전체 조세제도를 구성했다. 그 이유는 전조가 가장 투명하게 운영할 수 있는 조건을 가졌기 때문이다. 하지만 공물의 수취를 완전히 없애기는 어려웠다. 필요한 모든 것을 쌀과 콩만으로 구할 수는 없기 때문이었다. 조선 초인 15세기만 해도, 시장이 발달하지 않아서 시장을 통해 필요한 물품들을 구하기 어려웠다. 시장에서 구할 수 없다면, 그것이 생산되는 곳에서 생산되는 시점에 그 고을 사람들에게 구할 수밖에 없다. 그것이 바로 공물이다. 때문에 조선 초에 마련된 조세제도는 전조를 중심으로 했지만, 보조적으로 공물을 포함할 수밖에 없었다. 예를 들어 조선 정부는 필요한 재원의 90퍼센트는 전조로, 10퍼센트는 공물로 거두었다고 할 수 있다.

조선 초의 조세제도는 시간이 지나면서 점차 두 방향으로 변질되었다. 하나는 정부 총수입에서 전조가 차지하는 비중이 줄어들고 공물이 차지하는 비중이 늘어난 것이다. 전조와 공물은 앞의 표에서 보았듯이 원칙적으로 받는 측과 내는 측이 서로 다르게 상정되었다. 전조는 왕이 거두고 백성이 내는 것이었다. 조선에서 왕과 백성은 지배자와 피지배자가 아니라 어버이와 자식의 관계로 상정되었다. 기본적으로 그 관계는 자애로운 것이어야 했다. 따라서 전조는 가능하면 가볍게 거두는 것을 지향했다.

양반들은 이러한 전조의 이념을 이용했다. 물론 양반이라 하여 모두 지주인 것은 아니었지만 현실에서 지주의 다수는 양반이었다. 지주인 양반들은 전조의 이념을 자신들의 경제적 이익을 위해서 사용할 줄 알았다. 이들은 정부를 상대로 전조의 기본 이념을 주장하며 끊임없이 전조 부담을 낮추는 노력을 계속했다. 그 결과 중앙정부의 전조 수입은 시간이 지나면서 서서히 줄어들었다. 16세기 중반에 이르자 전조 수입은 조선 초에 비해 절반 이하, 3분의 1, 혹은 4분의 1 수준으로까지 떨어졌다.

정부 수입의 대부분이 전조인데, 전조에서 들어오는 수입이 줄자 조선 정부는 부족한 액수만큼 공물에서 충당해야 했다. 그것은 마치 풍선 한쪽을 누르면 다른 쪽이 부풀어 오르는 것과 마찬가지였다. 그런데 바로 여기에서 온갖 문제가 발생했다.

전조는 경작지에서 쌀과 콩으로 거두었다. 부과 대상도 비교적 분명하고, 대부분 쌀과 콩에 한정되는 수취 물품의 종류도 단순할 뿐만 아니라 지역별 품질 차이도 크지 않았고, 장기간 보관도 어렵지 않았다. 사실은 이런 점 때문에 조선 정부도 건국 초에 전조를 중심으로 세금제도를 구성했다. 반면 공물은 상황이 전혀 달랐다.

공물은 법적으로 고을에 부과되었다. 그런데 문제는 최종적으로 그 고을의 누가 그 공물을 얼마나 납부할 것인지를 규정한 법이 없다는 것이었다. 조선이 처음에 이런 규정을 만들지 못한 것은 공물의 종류가 워낙 다양했기 때문이다. 대신에 조선 정부는 다른 방법을 택했다. 공물별 세밀한 수취 규정이 필요 없도록 세금제도를 마련했던 것이다. 정부 수입 대부분을 전조로 거두고, 공물 수취의 비중을 낮추었다. 이런 상태에서는 공물 수취 규정의 미비가 별 문제가 되지 않았다.

예를 들어 어쩌다 구입하는 300원짜리 볼펜을 500원으로 올린다고 해도 일반 소비자들은 큰 부담을 느끼지 않을 것이다. 하지만 점심에 사 먹는 김치찌개나 된장찌개가 5000원에서 만 원으로 올랐다거나, 집값이 2억에서 4억으로 올랐다면 그것은 전혀 다른 문제다. 다시 말하면 조선 초 공물 운영제도는 대단히 허술했지만 큰 문제가 되지 않았다. 정부의 총수입에서 차지하는 비중이 적었기 때문이다. 하지만 그 비중이 점차 높아지자 이것은 큰 문제가 되었다. 공물을 최종적으로 누가 부담하는지에 대한 규정이 없다는 것은 현실적으로 힘없는 백성이 부담하게 된다는 뜻이다. 심지어 정확히 얼마의 공물을 거둘 것인가에 대한 규정도 마련되지 않았다.

또 하나의 변화는 지역 특산물이 오랜 시간이 지나면서 바뀌거나 사라졌다는 점이다. 이는 자연스러운 결과였다. 10년, 20년이면 모르겠지만 100년이 넘는 기간 동안 한 지방의 특산물이 계속해서 나올 것이라고 보장할 수는 없다. 그럼에도 일단 법으로 정해진 공물 납부 품목은 바뀌지 않았다. 그리고 그 사이에 상업도 발전했다. 이에 따라 16세기경이 되면 각 고을에서 공물을 바치는 방식도 바뀌어 있었다. 고을에서 거둔 쌀로 공물을 사서 국가에 바치게 된 것이다. 정부의 각 부서는 이전처럼 특정 고을에서 납부하는 물품을 받았지만, 그것은 이미 그 고을이 직접 생산한 물품이 아니었다. 상인들이 그 과정에 끼어들었던 것이다. 여기에서 치명적인 부정과 부패가 발생했다. 방납防納이 그것이다.

사주인과 방납

공물의 법 규정은 각 고을에 부과된 물품을 수령의 책임 아래 중앙관서에 현물現物로 직접 납부하는 것이었다. 하지만 시간이 흐르면서 이 규정을 지키기가 점차 어려워졌다. 지역 특산물의 품목도 바뀌었고, 고을에서 중앙정부에 납부하기까지는 여러 날이 걸리는데 그사이 그것을 저장, 운반하는 것도 어려웠기 때문이다. 또 상업이 발전하면서 더 많은 종류의 물품을 시장에서 구할 수 있게 되었다. 때문에 어느 순간부터 각 고을은 자체적으로 쌀을 모아서, 그것으로 자기 고을에 부과된 공물을 구입해서 정부에 납부했다. 이 과정에서 이를 대행하는 브로커, 즉 공물 납부 대리인이 생겨났다. 사주인이 그들이다.

중앙관서에서는 고을이 물품을 직접 납부하려 할 경우 품질을 트집 잡아서 수납을 거부했다. 이것이 방납이다. 공물의 납부 조건이 현물로 규정되었기에 가능한 일이었다. 대신에 중앙관서들은 특정 사주인을 통해 조달되는 물품만을 수납했다. 자연히 각 고을은 그 사주인에게 자신들이 납부해야 할 공물의 가격에 해당하는 쌀을 내야 했다. 여기서 부패가 발생했다. 사주인이 고을에 요구하는 액수가 납부할 공물의 시장가격보다 훨씬 높았던 것이다. 그래도 고을들은 달리 도리가 없었다. 이 때문에 조선시대에 널리 회자되던 말이 있었다. "공물은 꼬치에 꿰어서 가고, 인정人情은 지게에 지고 간다"는 속담이 그것이다. 인정이란 사주인에게 내야만 했던 공물 납부 대행에 따른 수수료다. 사주인은 중간에서 엄청난 이득을 남겼다. 물론 그들이 그 이득을 홀로 차지하는 것은 아니었다. 당연히 이러한 브로커 자격을 얻으려면 권력자와 유착해야 했다.

대동법 성립 이전에 공물을 받는 측과 내는 측 사이에는 심각한 정보 비대칭성이 존재했다. 물품의 품질이나 수량에 대한 규정이 명확하지 않았기 때문이다. 받는 측에서 정하는 기준은 투명하지 않았고, 받아들이는 수량 또한 자의적이었다. 대동법은 납부자인 백성과 수취자인 정부 사이의 정보의 비대칭성을 바로잡기 위해 수취 수단을 단순화하고 납부량을 고정했다.

사대동의 확대

임진왜란 이전부터 '사대동私大同'이 점차 확산되었다. 사대동은 '대동법'과 비슷한 단어지만 여러 가지로 의미가 달랐다. 그렇다고 두 단어가 전혀 무관하지도 않았다. 사대동은 사회적 '관행'이었고, 대동법은 말 그대로 '법'이었다. 때문에 사대동은 대동법과 몇 가지 결정적인 차이가 있었다. 우선 사대동은 개별 고을 차원에서만 진행되었다. 나중에 대동법처럼 어떤 곳이든 결당結當 동일한 액수를 거두었던 것이 아니다. 고을마다 사대동의 1결당 수취액이 달랐다. 결結은 토지의 면적 단위다. 두 번째로 사대동은 대동법보다 수취액이 훨씬 높았다. 방납이 오래 지속되면서 공물가가 상승한 결과였다.

임진왜란 중에 사대동 관행이 사회적으로 널리 확대되었다. 조선 정부는 많은 쌀이 필요했다. 군량미 확보가 무엇보다 시급했기 때문이다. 이때 정부는 공물 대신 쌀을 거두었다. 각 고을에서는 오히려 환영할 만한 일이었다. 그런데 이때 중요한 현상이 나타났다. 고을 내 모든 사람들이 쌀을 냈던 것이다. 전쟁 중이었기에 고을에서 힘 있는 사람은 안 내고 힘없는 사람은 내는 그런 상황은 유지되기 어려웠다. '대동'이란 모두 함께 낸다는 뜻이다. 후일에 나오는 대동법의 '대동'은 이러한 사대동의 기존 관행에서 나온 말이었다.

이원익과 경기선혜법

조선의 왕은 즉위 후 일시적으로 백성에게 온정적 정책을 취하는 경우가 많았다. 신하들도 새 왕이 즉위한 직후에 비교적 개혁적인 건의를 했다. 광해군이 즉위한 때에는 임진왜란의 여파가 계속되고 있었고 어느 때보다 민생이 어려웠다. 광해군은 백성의 부담을 일회적으로 경감해주는 조치를 취하려 했다.

이 기회를 이용해서 이원익李元翼(1547~1634)은 전국적인 공물개혁 입법을 시도했다. 그는 임진왜란 중에 군량미 확보를 총괄한 인물이었기에 공물 운영 상황 및 그와 관련한 논의를 잘 알고 있었다. 하지만 그의 시도는 곧바로 격렬한 저항에 부딪혔고, 결국 경기에서만 실시할 수 있었다. 1608년(광해군 즉위년)에 경기도에서 시행되었던 선혜법宣惠法이 그것이다. 왕이 은혜를 베풀어주는 차원에서 시행하는 법이라는 뜻이다.

경기선혜법은 나중에 효종 때 실시된 호서대동법과 중요한 차이가 있었다. 우선 결당 수취액 16두斗 중에서 14두를 중앙정부에 내고 각 고을에는 2두씩만을 배정했다. 두斗는 '말'의 한자어다. 당연히 선혜법 이후에도 경기 각 고을에서는 백성들에 대한 추가 수취가 계속되었다. 각 고을의 운영을 위해서도 물자가 필요했기 때문이다. 결정적으로 호서대동법과 다른 점은, 선혜법 대상 품목에서 수많은 진상품의 종류를 제외했다는 것이다. 이것은 경기선혜법이 실시된 이후에도 그것과 무관하게 계속해서 중앙에 바쳐야 하는 물품이 많았음을 의미한다. 이렇듯 여러 문제가 있었지만, 경기선혜법은 대동법 성립을 종착점으로 하는 공물 변통의 흐름에서 큰 의미가 있었다. 불완전하지만, 대동법이 성립할 때까지 계속해서 지속되는 도道 규모의 공물개혁 입법이었기 때문이다.

조익과 삼도대동법

인조반정(1623) 직후 조정은 충청도, 전라도, 강원도에서 '삼도대동법'을 추진했다. 경상도는 왜관倭館에 물자를 제공해야 했기에 대상에서 제외되었다. 삼도대동법 역시 이원익의 요구에 따른 것이었다. 이원익에게 삼도대동법은 광해군 즉위년에 시도했으나 좌절된 전국적 공물변통 추진의 재시도였다. 이원익은 조익趙翼(1579~1655)을 발탁했고, 삼도대동법 초안이 그의 손에 의해서 작성되었다. 그 초안의 내용은 많은 점에서 경기선혜법의 연장선에 있었다.

광해군 즉위년의 전국적인 공물변통 시도가 좌절되었기 때문에, 경기선혜법의 문제점은 전면에 드러나지 않았다. 예를 들어 공물은 운반이 중요한데, 경기는 서울과 가까워서 그 문제가 드러나지 않았다. 그런데 삼도대동법이 추진되자 이런 문제가 고스란히 드러났다. 이런 문제점을 바탕으로 조익은 법의 내용을 수정했다. 하지만 이 개정안은 대동법을 반대하는 세력으로 인해 실시되지 못했다. 그럼에도 삼도대동법은 상당한 의미가 있었다. 강원도에서 대동법이 성립되는 결실을 낳았고, 후일의 대동법을 위한 수정 입법안을 만들어냈다. 효종 때 실시된 호서대동법은 1624년(인조 2) 조익의 수정안에 근거하여 실시되었다.

병자호란 이후의 대동법 논의

1636년(인조 14) 병자호란에서 패배한 조선은 청나라로부터 커다란 재정적 압박을 받았다. 청은 조선에 여러 차례 대규모 병력 파병과 막대한 식량을 요구했다. 1644년(인조 22)에 청이 명나라를 무너뜨린 후에도 조선의 재정 부담은 줄지 않았다. 해마다 청나라 사신이 여러 번 조선을 방문했고, 이들을 접대하는 데 상당히 많은 경비가 들었다. 이 모든 부담이 온전히 백성에게 돌아갔다. 조선 조정은 백성에 대한 지속적 부담을 더 이상 방치할 수 없었고, 재정 상황에 대해서도 재정비하지 않을 수 없었다. 조정의 안팎에서 이 문제를 해결해야 한다는 요구가 공물변통 논의로 모아졌다.

당시 조정과 재야에서는 공물변통의 필요성에는 모두 공감했지만, 구체적 방법을 둘러싸고 크게 둘로 나뉘어 있었다. '공안貢案 개정론'과 '대동법 실시론'이 그것이다. 전자는 조선의 전통적인 공납 문제 대처 방식이었다. 지나치게 높은 공물가를 낮추고, 그렇게 거둔 공물가를 정부와 왕실이 절약해서 쓰자는 내용이었다. 제도는 놔두고 운영을 잘하자는 말이었다.

반면 후자는 백성에게 거두는 결당 수취액을 사전에 고정하고, 공물 수취 중간 과정을 합리화하자는 것이었다. 전자가 기존 체계 안에서 관리들의 자발성을 강조한 안이라면, 후자는 공물 수취와 지출에 관한 새로운 강제 규범을 만들자는 안이었다. 처음에는 공안 개정론이 더 많은 지지를 받았지만, 인조 말에는 대동법을 지지하는 사람이 늘어났다. 이러한 대동법 지지자들의 확대를 입법으로 연결한 사람이 김육金堉(1580~1658)이다.

김육과 대동법

김육은 공납제도의 문제를 해결하기 위해 대동법을 주장했다.

김육은 효종이 즉위(1649)하자 대동법 실시를 강력히 요구했다. 이 과정에서 당시 조정에서 사림세력을 대표하여 큰 영향력을 행사했던 김집金集, 김상헌金尙憲과 정치적으로 충돌했다. 하지만 결국 김육의 요구가 받아들여져서, 1651년(효종 2) 충청도에 대동법을 실시하기로 했다.

충청도에서의 대동법 실시는 이후 대동법이 전국적으로 확산하는 데 매우 중요한 의미를 가졌다. 처음부터 대동법 실시를 적극적으로 찬성한 사람은 많지 않았다. 많은 조정 관료들이 대동법의 취지에 공감하면서도, 실현 가능성에 의문을 가졌기 때문이다. 그들은 개혁의 폭이 너무나 크다고 생각했다. 그러나 충청도 대동법은 대동법이 충분히 실현 가능한 것임을 증명함으로써, 다른 지역으로 확산하는 데 기폭제가 되었다. 그 결과 1658년(효종 9) 전라도 해읍海邑, 1666년(현종 7) 전라도 산군山郡과 함경도, 1678년(숙종 4) 경상도, 1708년(숙종 34) 황해도 순으로 대동법 혹은 지역 실정에 맞는 공물변통이 이루어졌다.

정약용과 유형원의 대동법 인식

정약용은 대동법을 높이 평가했다. 조선시대 지식인들은 대체로 정전제를 이상적 제도로 생각했다. 정약용 역시 마찬가지였는데, 그는 정전제의 현실적 구현이 바로 대동법과 다르지 않다고 생각했다. 그는 전체 경작지의 10분의 1을 공전公田으로 만들어 거기에서 나는 소출을 국가 재정에 충당하고자 했다. 세금을 사람이 아닌 토지에서 거두고, 세금의 총액을 전체 소출의 10분의 1로 제한하려 했던 것이다.

대동법의 실시를 예민하게 관찰한 사람은 유형원이다. 자기 시대에 일어난 일이었기 때문이다. 실제로 그가 『반계수록』 집필에 착수한 해는 조정이 충청도에 대동법을 실시하기로 결정한 직후였다. 말하자면 그가 이 책을 집필하던 시기는 충청도에 대동법이 실시되고, 그가 살던 전라도에까지 차차 실시 범위가 확대되어가던 때와 일치한다. 『반계수록』에는 유형원이 대동법을 면밀하게 관찰한 내용이 등장한다.

유형원은 호서대동법의 몇 가지 미진한 점을 비판했다. 하지만 그것이 대동법 자체에 대한 비판이라고 보기는 어렵다. 오히려 대동법이 천명했던 원칙이 현실에서 철저하게 집행되지 못하는 것에 대한 비판이었다. 대동법은 오랫동안 누적되어온 조세 운영의 수많은 문제점에 대한 개혁이었다. 때문에 개혁을 추진하는 과정에서, 사전에 세웠던 모든 원칙을 남김없이 관철하기는 어려웠다. 반면에 유형원은 재야在野의 자유로운 조건에서 조세개혁을 주장했었다. 이런 조건을 고려하면 당국자와 재야인사 사이의 의견 차이는 현실적으로 불가피한 것이었다. 오히려 중요한 사실은, 유형원이 대동법에 대체적으로 동의했다는 점이다. 더구나 그것은 김육을 비롯한 대동법을 논의했던 조정 인사들과 의견 교환 없이 독립적으로 도출된 것이었다. 조선의 관료 및 지식인들이 공유했던 원칙으로, 당시 조선의 조세 상황을 살펴본 결과 거의 비슷한 결론에 도달했던 것이다.

글·이정철

∞ 참 고 문 헌 ∞

• 김호, 『정약용, 조선의 정의를 말하다』, 책문, 2013.

• 박병호, 「다산의 법사상」, 『정다산연구의 현황』, 민음사, 1985.

• 박석무 외, 『다산, 조선의 새 길을 열다』, 실학박물관, 2016.

• 심재우, 『조선 후기 국가권력과 범죄통제 ─ 『심리록』 연구』, 태학사, 2009.

• 심재우, 「조선 후기 판례집, 사례집의 유형과 『흠흠신서』의 자료가치」, 『다산학』 20호, 2012.

• 심희기, 「『흠흠신서』의 법학사적 해부」, 『사회과학연구』 5-2, 1985.

2장

실학과
역사지리관

조선 후기 국경 충돌과 영토에 대한 관심의 확대

삼국시대는 전쟁을 통한 정복과 백성의 복속이 중요한 사회였기 때문에 국경은 유동적이었으며, 이에 따라 국경 개념도 빈약했다. 고려와 조선시대에 왕조국가가 성립되면서 관할하는 지방 군현의 개념은 있었다 하더라도 사상의 교류와 이념적 동질성 확보가 중요했기 때문에 국경에 대한 연구가 그리 활발하게 이루어지지 않았다.

그런데 근대적인 사유체계가 확립되던 조선 후기에 조·청, 조·일 간 국경 충돌이 발생하자 실학자들은 국경 문제에 대한 관심을 촉구하고, 현재 국경뿐만 아니라 과거 영토의 범위에 대해서도 구체적으로 연구하기 시작했다.

조·청, 조·일 간 국경을 둘러싼 충돌

조·청 간 국경 분쟁

1583년 누르하치가 여진의 여러 부족을 통합하여 '만주'라고 불렀다. 1616년 누르하치는 옛 여진 제국의 이름을 따서 나라 이름을 금金(후대에 12세기의 '금'과 구별하여 '후금'이라고 부른다)이라고 짓고, 자신은 최고 지도자인 칸汗이 되었다. 1636년 후계자 홍타이지는 나라 이름을 '대청大淸'으로 바꾸었다. 1644년 북경을 차지한 만주족은 퇴각 경로를 확보하기 위해 요동과 그 이동 지역에 봉금지대를 설정했다. 19세기 중반까지 이 봉금지대에는 한족의 출입이 제한되면서 소수의 만주족만이 살고 있었다.

1627년 정묘호란 때 조선과 후금이 강도회맹을 맺으면서 조선인도 봉금지대의 출입이 금지되었다. 그러나 조선인들은 화전으로 파종하고 가을에 수확하거나 간혹 인삼을 채취하기 위해 양국 간의 경계선을 넘었다. 이에 홍타이지는 조선인의 월경을 막아줄 것을 조선에 요청했다. 조선에서는 인조 이후 봉금지대에 범월한 조선인들을 처벌했다.

1685년(숙종 11) 인삼을 캐던 조선인들이 장백산을 답사하던 청의 관리를 조총으로 상해한 사건이 일어났으며, 이어서 1690년과 1704년, 1710년에도 중국인이 범월한 조선인에 의해 살해되는 일이 발생했다. 1712년(숙종 38) 2월에 청나라는 모호해진 양국 간의 경계를 조사하자고 제안했다. 여기에는 요동과 간도 일원뿐만 아니라 장백산, 즉 백두산까지 영역을 확대하려는 강희제의 영토 확장 의도가 있었다.

청나라는 오라총관 목극등을, 조선은 접반사 박권, 함경감사 이선부 등을 회담 대표로 파견했다. 목극등은 백두산 정상에 올라 정상부의 천지 동남쪽 4킬로미터 지점에 정계비를 세웠다. 이 비는 백두산 일대를 중심으로 조선과 청의 경계선을 표시한 것이다. 이 정계비문에는 "여기에 이르러 살펴보니 서쪽은 압록이 되고, 동쪽은 토문이 된다. 그러므로 물길이 나뉘는 이곳에 돌로 새겨 기록으로 삼는다"라고 적혀 있다.

그런데 회담 당시 두만강의 수원에 대해 조선과 청의 주장이 엇갈렸으나 명확히 처리하지는 않았다. 이미 청은 과거 어느 때보다 넓은 대제국을 건설했으며, 중원에서의 지배력이 견고한 상태였기 때문에 조선에 명확한 국경을 요구하지도 않았다. 그러나 훗날 이 정계비에서 양국 대표가 국경으로 합의한 '토문'을 둘러싸고 의견이 엇갈렸다. 중국은 토문을 두만강의 상류로 받아들였고, 조선은 두만강 혹은 송화강松花江으로 간주했다.

토문을 두만강으로 간주함으로써 오히려 영토를 상실하게 되었다고 비판하는 견해는 주로 당시 비주류였던 남인계에서 나왔다. 또한 토문을 두만강과 별도인 송화강으로 간주함으로써 두만강 이북 지역을 확보하게 되었다는 주장이 나왔다. 이는 일부 집권 노론세력이나 간도 지역에 거주하는 조선인들 사이에서 나온 주장이었다. 그런데 당시 명확하지 않던 국경 문제는 차츰 조선에 불리하게 작용했다.

러시아의 동진에 따라 청은 1860년에 북경조약을 맺어 연해주를 러시아에 할양하기에 이르렀다. 중국은 러시아의 위협을 저지하기 위해 기존의 봉금정책을 포기하고 19세기 중엽에는 한족의 만주 이주를 장려했다. 1880년대에는 청이 본격적으로 간도 개척에 나서면서 대부분의 만주 지역을 한족에게 개방했다.

한편 19세기 중엽 이후 조선에서 각종 재해가 일어나자 조선인들은 두만강 북쪽 지역에 들어가서 농사를 지으며 정착하기 시작했다. 정착 여건이 좋았기 때문에 이 지역으로 이주하는 조선인이 급증했다. 당시 조선에서는 두만강 대안의 개간지를 간도라고 불렀다.

조선과 청은 본격적으로 간도 개척을 시도하면서 빈번하게 충돌했다. 이에 1882년 초 청나라는 조선인들이 간도 지역으로 월경하는 것을 금지해달라고 조선에 요청했으며, 간도에 있던 조선인들의 쇄환까지 주장했다. 당시 조정에서는 중국의 요청에 따라 조선인들을 쇄환하려고 했다. 그러자 현지 조선인들은 목극등이 세운 정계비를 근거로 삼으며 토문강과 송화강 이남의 간도는 조선 땅이라고 주장했다. 1883년 조선 정부는 서북경략사 어윤중을 파견하여 정계비의 내용과 위치를 살펴보게 했다. 어윤중은 정계비에 명시된 토문강은 송화강 상류이므로 간도 지역은 조선의 영토라고 보고했다. 중국이 토문강을 두만강으로 잘못 알고 있다는 것이다.

1885년 청나라가 조선인들을 간도에서 강제로 추방하면서 본격적인 분쟁이 발생했다. 이에 1885년 11월 국경 문제를 다루기 위해 감계회담이 열렸다. 조선 측에서는 감계사로 안변부사 이중하를 파견했다. 당시 회담에서 조선 정부는 정계비의 토문은 송화강이라고 주장했으나 청 정

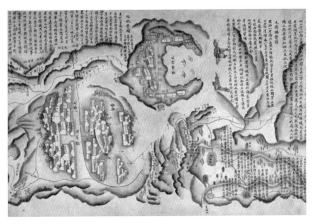

〈아국여지도〉. 1885~1886년에 김광훈金光薰, 신선욱申先郁이 연해주 일대를 정탐하여
작성한 지도. 문화재청 — 공공누리.

부는 두만강 국경 획정을 고집했다. 임오군란과 갑신정변의 소용돌이 속
에 열린 1887년과 1888년의 회담에서도 청은 두만강으로 국경을 획정
할 것을 주장했다. 이 회담이 실패로 끝난 후 청은 간도 이민정책과 조선
인에 대한 귀화정책을 실시하여 간도에 대한 실질적인 지배권을 강화해
나갔다.

　1872년에 작성된 『강북일기江北日記』와 1880년대에 작성된 〈아국여
지도俄國輿地圖〉 같은 압록강과 연해주 정찰 보고서가 왕실 도서관이었던
장서각에 남아 있다. 1897년 조선 조정은 서상무를 압록강 북쪽 지역의
서변계관리사로 임명했으며, 1900년에는 평북관찰사 이도재가 서간도
지역을 평안도에 배속시키고 이주민을 보호했다. 1902년에는 이범윤을

간도시찰사로 파견하여 조세를 징수하는 등 이 지역에 대한 영토 주권을 확보하기 위해 노력했다. 1903년에는 이범윤을 간도관리사로 임명했다.

청일전쟁에 이어 러일전쟁에서도 승리한 일본이 이 지역의 국경 분쟁에 끼어들었다. 1905년 불법적인 을사늑약으로 조선의 외교권을 박탈한 일본은 1909년 만주에서 철도부설 등의 이권을 차지하는 대신 간도에 대한 조선의 영유권을 양보하는 간도협약을 체결했다. 그렇게 조선과 청의 국경이 두만강으로 획정되면서 간도 지역을 둘러싼 조선과 청의 다툼은 일단락되었다.

독도와 울릉도를 둘러싼 조·일 간 충돌

신라 지증왕 13년(512) 울릉도와 독도 일대로 구성되었던 우산국이 신라에 병합되었다. 『고려사』 「지리지」의 울진현조에는 "우산, 무릉은 본래 두 섬으로 서로 멀리 떨어져 있지 않아 날씨가 맑으면 바라볼 수 있다"라는 내용이 나온다. 『고려사』의 태조 13년(930) 기사에는 "우릉도에서 사신을 보내어 공물을 바쳤으며, 사신에게 벼슬을 주었다"라고 적혀 있다. 고려 초기에도 울릉도는 고려의 영토였던 것이다. 또 『세종실록』 「지리지」는 "우산, 무릉 두 섬이 울진현의 정동 해중에 있다"라고 기록하고 있다. 여기서 무릉은 울릉도, 우산은 독도를 가리킨다. 우산은 신라시대 이래 울릉도의 이름이었지만, 조선시대에 울릉도를 울릉 또는 무릉이라고 이름 붙이면서 독도를 우산이라고 불렀다.

조선시대에 들어와서는 연안의 섬에 도적이 출몰할 것을 염려하여 섬을 비우는 공도정책을 실시했다. 이에 따라 울릉도에서도 주민들을 철수시켰다. 그러나 울릉도는 연안 어업을 하는 어부들에게는 매우 중요한 전진 항구였으므로 주민의 거주를 완전히 금지하기는 어려웠으며, 어부들도 고기잡이를 위해 계속 이용하고 있었다. 17세기 중반까지만 하더라도 일본은 울릉도와 독도를 조선의 땅으로 간주했다. 1667년 독도에 관한 일본 최초의 문헌인 『은주시청합기隱州視聽合記』에도 울릉도와 송도 松島(독도)는 고려에 속한 영토이며, 일본의 서북 국경은 오키시마隱岐島를 한계로 한다고 적혀 있다.

1693년(숙종 19) 여름 울릉도와 자산도(독도) 부근으로 고기잡이를 나갔던 안용복은 일본 어선에 납치되어 일본에 갔다가 송환되었다. 1696년(숙종 22) 안용복은 다시 울릉도에 갔다가 일본 어선을 쫓아 일본에까지 따라갔다. 두 차례에 걸쳐 일본의 백기주 태수와 대마도주와 담판하면서 울릉도와 자산도가 조선의 영토임을 주장했다. 일본 막부도 이 사건을 조사하면서 두 섬 모두 일본 영토가 아니라고 결론 내리고, 1696년 1월 '죽도도해금지령'을 내렸다. 그리고 1699년 일본 막부의 최고 책임자인 관백關白도 대마도주를 통해 이를 확인하는 외교문서를 보내왔다. 당시만 하더라도 일본은 오키시마가 자신들 영역의 한계라고 생각했기 때문에 이러한 서한을 보내왔던 것이다.

한편 안용복 사건 이후 조선 조정에서도 울릉도와 독도에 대한 관심이 높아졌으며, 조선은 두 섬의 산물이나 형세를 알기 위해 3년에 한 번씩 수토관을 파견하여 지속적으로 관리했다.

개항 이후 조선 정부는 1881년 울릉도에 이규원을 검찰사로 파견했다. 이규원은 현지를 답사하고 나서 개척이 가능하다고 보고했다. 1882년에는 울릉도 개척령을 반포하면서 본토 사람들을 모집하여 이주시켰다. 이에 따라 울릉도에 주민들이 공식적으로 거주하게 되었으며, 독도는 울릉도 어민들의 여름철 어업기지로 이용되었다.

반면에 1870년부터 1900년대까지 일본의 독도에 대한 인식은 미약했으며 오히려 두 섬을 한국의 영토로 생각했다. 일본 내무성은 1877년 관련 문서를 첨부하여 당시 최고기관인 태정관太政官에 품의했는데, 이에 대해 태정관은 다케시마(울릉도) 외 일도(독도)는 일본과 관련이 없다는 지령문을 내려보내기도 했다.

대한제국 시기에 들어와서 독도는 1900년 10월 25일 고종 황제의 칙령에 의해 울릉군의 부속 도서로 정식 편입되었다. 이 칙령은 관보에 게재되어 전 세계에 공포되었다. 근대 국제법상 독도가 대한제국의 영토임을 재확인한 것이다. 일본이 독도 영유권의 근거로 내세우는 1905년의 시마네현島根縣 편입 고시보다 5년이나 앞선 것이다.

실학자들은 국경을 어떻게 보았는가

북방 지역에 대한 인식과 관심

조선 후기 실학자 가운데 역사지리를 연구했던 일군의 학자들은 우리나라 상고사의 중심 지역으로 북방 지역과 요동 지역을 재발견하고자 했다. 초기 실학자 중 한 명인 한백겸은『동국지리지』에서 압록강 이북 지역에서의 상고기 국가의 행방에 주목했다. 일부 학자들은 한사군의 일부가 요동에 있었던 것으로 생각하여 상고기 한민족의 활동 영역이 요동에까지 미쳤다고 주장했다. 허목의『동사東事』, 이돈중의『동문광고同文廣考』는 야인이 차지했던 지역의 종족까지도 연구 대상으로 삼았다. 허목은 숙신과 말갈을 동국의 역사 속에 서술했다. 정약용은『아방강역고我邦疆域考』에서 말갈과 여진계의 동향을 기술하여 관심을 표명했으며, 요동은 결국 회복해야 할 곳으로 생각했다.

조선 후기 실학자들은 요동, 사군, 북관, 양강 지역에 대한 관심이 높았다. 역사적으로는 두만강 북쪽 지역에 옛 발해가 있었으며, 고려 때 윤관이 점령했던 땅이라고 생각했다. 그리하여 이익, 홍양호 등의 실학자들은 평안도와 함경도 일원에서 군사적 대비책을 강화할 것을 주장했다. 이러한 주장은 조선 후기의 정약용, 이규경, 19세기 중엽 실학의 마지막 계승자라고 할 수 있는 최성환의『고문비략顧問備略』에까지 이어진다. 최성환은 사군의 복구를 주장하면서 압록강은 천연의 요새인데 사군을 비워두면 내지를 잘라서 적에게 내주게 된다고 주장했다.

한편 백두산 정계비가 세워진 후에는 북관 지역의 연혁에 대한 관심이 고조되었을 뿐만 아니라 일부 실학자들은 두만강 북쪽 지역을 우리의 고토로 간주했다. 홍양호, 신경준 등은 두만강 북쪽 지역을 옛 조선의 영토이며, 홍왕의 땅이라고 강조했다. 이익, 이중환 등은 윤관이 비를 공험진 곁에 있던 선춘령 아래에 세웠다는 주장에 주목하여, 공험진이 두만강 북쪽 700리 지역에 있었던 것으로 비정했다.

그런데 정계비 수립 이후 조선에서는 비문에 적힌 토문을 두고 해석이 갈렸다. 토문강과 두만강에 대해 『요동지』와 『용비어천가』 등의 자료에서는 서로 다른 것으로 적고 있다. 그러나 정계 당시 조·청 양국 국경 회담 당사자들은 압록강과 두만강을 국경으로 인식하고 있었기 때문에 토문을 두만강의 발원처라고 인식했던 것으로 보인다.

숙종대 조·청 국경회담에 대한 비판은 요동과 고토의 회복에 관심이 많았던 실학자들에 의해 제기되었다. 실학자 가운데 일부는 윤관이 점령했던 선춘령을 두만강 북쪽 700리로 간주하면서 두만강 북쪽 지역을 고토로 주장했다. 이익, 안정복 등은 토문강과 두만강은 같은 것이라는 주장을 수용하면서도, 선춘령 일대를 국경으로 삼아야 하는데 국경회담을 잘못하여 오히려 두만강 북쪽의 땅을 상실하게 되었다고 비판했다. 이러한 주장은 다시 영조대의 신경준, 홍양호 등으로 이어졌다. 그들도 정계비에서 동쪽의 경계를 토문으로 확정하면서 동북쪽의 영토가 줄어들게 되었다고 생각했다. 그들은 당시 국경 정계에 참여했던 조선 측 관리들이 무사안일하게 대응했다고 생각했다.

한편 조선 초의 『요동지』나 『용비어천가』 등의 자료에 주목하여 오히려 토문을 두만강과 별개인 송화강이나 분계강分界江으로 인식하는 주장들이 나타났다. 정동유는 토문강이 국경이었던 점을 인정하면서도 정계 시 토문의 상류를 연결하는 지점을 잘못 지정함으로써 수백 리를 잃게

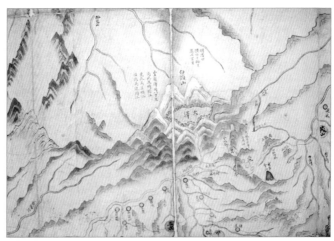

〈서북피아양계만리일람지도〉의 백두산 부분. 18세기 중엽 대표적인 관방지도. 백두산 정계 이후 북방 지역과 옛 강역에 대한 관심을 엿볼 수 있다. 문화재청 ― 공공누리.

되었다고 적었다. 정약용은 서쪽으로는 요동, 동쪽으로는 백두산에서 발원하여 간도로 나아가는 분계강을 두 나라의 경계로 상정하고, 요동과 분계강 이남 지역의 회복을 소망하고 있다. 토문강을 송화강으로 보든 별도의 분계강으로 보든 모두 조ㆍ청의 국경이 두만강보다 북쪽에 있어야 한다고 생각했던 점에서는 동일하다. 이러한 주장은 숙종 말부터 세력을 얻기 시작하여 간도로의 이민 증가와 맞물리면서 크게 지지를 받았다.

이 시기 북방 지역의 역사지리에 대한 관심이 커지면서 북방 지역의 역사와 문화를 다룬 서적들이 나왔다. 유득공의 『발해고』와 『사군지』, 홍양호의 『북새기략』, 정약용의 『아방강역고』와 『대동수경』, 정원용의 『북략의의』, 정윤용의 『북로기략』, 김노규의 『북여요선』 등이 편찬되었다. 이 시기 북방 지역에 대한 관심은 백두산 혹은 압록강과 두만강으로 피아를 구분하는 지도가 편찬된 데서도 알 수 있다.

근대 초기에도 만주에 대한 관심이 이어져 장지연은 정약용의 『아방강역고』를 재편집하여 『대한강역고』를 펴냈다. 그는 이 책에서 정약용의 주장을 바탕으로 국경을 명확히 하는 데 초점을 맞추었다. 그는 만주를 우리의 옛 땅으로 보고 특히 백두산 정계비를 통해 간도 지역을 상실하게 된 것을 비판하면서 실지 회복을 주장했다.

독도와 울릉도에 대한 인식과 관심

조선 전기 관부에서 만든 전국지인 『신증동국여지승람』에서는 우산도와 울릉도를 구분했던 『고려사』, 『세종실록지리지』 등 이전 시기에 편찬된 지리서의 기록을 수용했으나, 일설로 '우산 = 울릉 1도설'을 추가했다. 숙종대의 안용복 사건에서 비롯된 울릉도와 독도를 둘러싼 일본과의 분쟁은 실학자들에게 도서 지역에 대한 관심을 환기시켰다.

이익은 『성호사설』 「천지문」의 '울릉도'조에서 울릉도의 역사를 적고 일본과의 분쟁을 소개했다. 이익은 여기서 명칭을 막론하고 울릉도는 조선의 땅이며 그 부근의 섬도 울릉도에 부속된다고 주장했다. 이어 안용복이 미천한 군졸 신분으로 오랜 분쟁을 종식시키고 토지를 회복한 공이 있음에도 귀양 보낸 것을 비판했다.

신경준은 이러한 주장을 더욱 발전시켜 1756년에 편찬한 『강계고』 '울릉도'조에서 울릉도의 위치와 연혁, 산물 등을 소개했다. 특히 울릉도의 과거 연혁뿐만 아니라 조선 정부에서 이 섬을 지속적으로 관리하고 있었음을 밝혔다. 중간에는 『신증동국여지승람』에서 일설로 전하던 '우산 = 울릉 1도설'을 재수록한 유형원의 『여지지』 기록을 소개하면서 다시 2도설을 내세웠다. 그리고 다른 한 섬은 송도松島, 즉 독도라고 주장했다. 또한 별도로 '안용복사安龍福史'조를 두어 안용복의 활동에 대해 적었다. 특히 안용복의 말을 빌려 일본이 말하는 송도는 우산도이고, 이것은 조선에 속한 땅이라고 했다. 신경준은 일본이 다시는 울릉도를 자기네 땅이라고 주장하지 못하게 된 것은 모두 안용복의 공이라고 적었다.

게다가 신경준은 '부산釜山'조에서 쓰시마對馬島도 옛 신라의 땅이라고 주장했다. 그는 1770년(영조 46)에 간행된『동국문헌비고』「여지고」를 편찬하면서,『강계고』'울릉도'와 '안용복사'의 내용을 울진현의 울릉도에 대부분 그대로 전재했다.

이러한 내용은 이맹휴李孟休 등이 편찬한『춘관지春官志』에도 그대로 이어졌다. 이맹휴는『춘관지』'울릉도쟁계'조에서 이익과 신경준의 기술을 종합하여 울릉도 기사와 안용복 사건에 대해 기술했다. 이맹휴의『춘관지』기사는 이긍익李肯翊의『연려실기술』, 성해응成海應의「울릉도지」와「제안용복전후」에도 전재되어 있다.『동국문헌비고』「여지고」의 울릉도 관련 기사는 1808년 서영보, 심상규 등이 편찬한『만기요람』에도 전재되어 있다.

조선 후기 이익, 신경준, 이맹휴, 이긍익, 성해응 등의 실학자들은 숙종대 조선과 일본 간의 외교 현안으로 등장한 안용복 사건에 주목하면서 울릉도와 독도를 둘러싼 조선과 일본 간의 분쟁을 기록으로 남겼다. 특히 안용복 덕분에 일본이 다시는 울릉도를 자기네 영토라 주장하지 못하게 되었다고 했다. 실학자들이 영토에 대해 지속적으로 관심을 가졌기에 숙종대에 일어난 안용복 사건에 주목할 수 있었을 것이다. 이러한 영토에 대한 자각에서 후일 울릉도 개척령 반포와 독도를 울릉도의 부속 도서로 규정한 고종의 칙령이 나오게 된 것이다.

조선 중기까지만 하더라도 유교사상과 중화주의가 지배하면서 사상적 보편주의가 널리 퍼져 있어 상대적으로 국경의 개념이 미약했다. 그러나 조선 후기 실학자들이 과거의 역사와 지리를 연구하면서 차츰 과거의 강역 변화와 지리적 범주에 관심을 갖기 시작했다. 한편 조·청, 조·일 간의 국경 충돌은 국경에 대한 관심을 환기시켰다. 국경 문제가 이슈가 된 것은 근대적인 민족·국가 개념의 형성과 일정한 관련이 있다. 이렇게 조선 후기 실학자들이 국경을 연구하고 경계를 확정하려고 한 것은 미약하지만 근대적인 민족과 국경의 개념을 가지게 되었기 때문이다.

글·박인호

～ 참 고 문 헌 ～

• 강석화, 『조선 후기 함경도와 북방 영토의식』, 경세원, 2000.
• 배우성, 『조선 후기 국토관과 천하관의 변화』, 일지사, 1998.
• 송병기, 『울릉도와 독도』, 단국대학교 출판부, 1999.
• 조광, 「조선 후기의 변경의식」, 『백산학보』 16, 1974.
• 조광, 「실학과 개화기의 영토문제 연구」, 『영토문제연구』 1, 고려대, 1983.
• 조광, 『조선 후기 사회의 이해』, 경인문화사, 2010.

• 실학자와 역사지리학 •

사대부의 잡기를 넘어 독자적 학문으로

조선 후기 일군의 학자들은 우리나라의 상고시기 강역과 지리를 대상으로 한 전문적인 연구 분야를 발전시켰다. 역사지리학은 역사지리라는 특정 분야를 연구 대상으로 삼았다. 당시 많은 학자들이 서로 학문적 교류를 하거나, 선배 세대와 후배 세대가 학문을 전승하고 계승했다. 또한 사실 규명과 고증을 통해 연구 방법의 객관성을 높였다. 특히 과거 역사에 등장하는 지명의 현재 지명을 고증하면서 우리 역사에 대한 이해의 폭을 넓히고자 했다. 이러한 성과에 비추어 볼 때 역사지리학은 조선 후기 실학의 대표적인 연구 업적이자, 우리나라에서 독자적으로 발전한 학문 분과라고 할 수 있다.

실학자들은 왜 역사지리 연구에 관심을 가지게 되었나

국가 강역에 대한 부단한 관심

조선 후기에는 국가 강역에 대한 관심이 고조되었다. 임진왜란과 병자호란을 거치며 외적에 대항하는 과정에서 당대의 지리적 조건뿐만 아니라 과거의 역사적 변천에도 관심을 기울이게 되었다. 이는 실학자들의 부국강병론이 학문적 형태로 나타난 것이다. 당시 실학자들은 중국과 일본 사이에 있는 조선의 지정학적 조건을 언급하기 시작했으며, 강역과 관방 시설에 대해 관심을 표명했다. 실학자들은 북관 지역에 대한 방비와 군현 설치를 주장했으며, 산성 축조의 중요성을 강조했다. 게다가 숙종대 조·청 국경회담 이후에는 북방 지역의 역사적 연혁에 대한 견해를 발표하기에 이르렀다. 북방 지역에 대한 관방지도가 활발하게 제작되었다는 점에서 조선 정부도 이 지역에 대한 관심을 놓치지 않았음을 알 수 있다. 국방상의 필요에 의해 작성된 이러한 지도들은 국토에 대한 새로운 인식을 갖게 했다.

중국으로부터 다양한 지리지 수용

조선 후기에는 다양한 지리서가 중국에서 들어왔다. 당시 역사지리를 연구하던 학자들은 대체로 한반도 북부와 요동 지역에서의 역사적 행방에 관심을 기울이고 있었다. 이에 따라 신라 중심의 삼국의 지리 변화에 중점을 두던 국내 자료의 한계에서 벗어나, 중국 문헌을 적극적으로 수

청천강 이북의 의주에서 압록강 상류의 후주 강구까지를 그린 군사지도. 폐사군 지역
도 확인할 수 있다. 국립중앙박물관 소장.

용하게 되었다. 이러한 요구에 부응한 것이 『요사遼史』와 『금사金史』의 재
발견이었다.

조선 전기만 하더라도 『사기』, 『한서』, 『삼국지』 등의 중국 정사와 『대
명일통지』, 『요동지』를 통해 우리 고대 역사의 행방을 추정했다. 그러나
유형원을 비롯한 실학자들은 요동 지역에서의 역사적 행방에 관심을 기
울이면서 요동 지역을 조선의 옛 땅으로 비정한 『요사』나, 요동 일대를
고구려의 옛 강역으로 비정한 『대명일통지』의 기사를 재발견했다.

이후 청에서 『청일통지』, 『성경통지』 등이 들어오면서 만주족의 발상
지로 설정되었던 요동 지역에 우리 민족이 함몰될 위기를 자각하면서 오
히려 요동 지역에 대한 관심에서 벗어나 우리 민족의 정체성 확보가 중
요한 과제가 되었다.

고증적 학문의 수용과 발달

조선 후기에는 학문 연구의 수준이 높아지면서 관련된 자료를 비교·검토하는 고증적인 연구가 심화되었다. 이에 따라 역사지리학에서도 고증적인 연구가 발전하기 시작했다.

김부식의 『삼국사기』, 권근의 『동국사략』, 관부 편찬의 『동국통감』에서 편찬자의 의도를 보여주는 부분은 주로 사론의 형태로 나타났다. 그러나 실학자들은 역사지리를 연구하면서 자신의 주장을 논리적으로 고증하고 검증하는 데 주의를 기울였다. 이러한 학문적 태도로 인해 역사지리 분야에서는 역사 사료를 비판적으로 검토하는 안목을 가지게 되었다. 이러한 학문적 기반이 있었기에 후일 대청주의大淸主義 인식을 바탕으로 한 『성경지』나 『만주원류고』의 역사지리 비정에 비판적으로 접근할 수 있게 되었다.

지식과 정보량의 확대

조선 후기에는 각 분야별로 다양한 백과전서류가 편찬되었다. 이에 따라 조선의 역사와 지리에 대한 내용이 풍부해졌다. 실학자들은 백과전서를 편찬하여 문물과 제도의 측면에서 조선의 특성을 밝히려고 했다. 중국의 유서류가 도입되어 있었으나 실학자들은 우리의 문화를 계열별로 분류하여 설명하려는 백과전서를 집필했다. 이는 이 시기 실학의 중요한 성과 가운데 하나였다.

초기 백과전서인 이수광의 『지봉유설』과 이익의 『성호사설』에서부터 18세기 관부에서 편찬한 『동국문헌비고』, 그리고 19세기 말에 편찬된 한치윤의 『해동역사』, 이유원의 『임하필기』, 윤정기의 『동환록』에 이르기까지 다양한 유형과 내용의 백과전서가 편찬되었다. 이들 책에서는 백과적 지식을 주제, 내용, 유형별로 분류했는데, 그 내용 속에서는 조선의 역사와 지리에 대한 정보가 수록되었다. 이러한 백과전서류의 편찬으로 조선의 역사와 지리에 대한 지식의 양이 늘고 정확성도 더욱 높아졌다.

공리적 사고의 확산

임진왜란과 병자호란을 겪으면서 조선에는 사회개혁을 위한 경세론經世論(세상을 다스리는 일에 대한 이론)이 확산되었다. 실학자들은 사회개혁과 부국강병을 위해 사회제도를 연구하고 문제점을 고치려고 했다. 그런데 이를 위해서는 먼저 현실을 파악할 필요가 있었다. 이에 따라 지리서에서도 경관을 문학적으로 자랑하기보다 각 지역의 군사와 관방시설을 수록하는 등 공리적 측면이 크게 강조되었다.

한편 선각적인 실학자들이 개혁 방안을 마련하면서 각 지역의 토지와 공물, 경제적 산물, 도로와 장시場市 등 경제에 대한 관심이 증대했다. 따라서 이 시기 사회경제에 대한 점증하는 개혁의식도 역사지리적인 문제에 대한 관심을 촉발한 요인 중 하나였다.

실학자들의 역사지리 연구는 어떻게 진행되었나

16세기 역사지리학의 등장

한국의 역사지리를 처음으로 학문적으로 연구한 사람은 16세기 중반의 한백겸韓百謙(1552~1615)이라고 할 수 있다. 16~17세기에 한백겸의 연구를 계승하거나 발전시킨 인물은 오운, 홍여하, 유형원, 정극후, 허목, 남구만, 이세구, 이이명, 홍만종 등이었다.

한백겸은 최초의 전문 역사지리서인『동국지리지』에서 조선 전기의 삼조선 - 사군 - 삼한 - 삼국으로 이어지는 단선적인 체계에서 벗어나 남쪽은 남쪽대로, 북쪽은 북쪽대로 서로 독자적으로 발전했다는 '남자남북자북南自南北自北'의 이원적인 발전체계를 제시했다. 특히 최치원의 '마한 - 고구려설'과 권근의 '변한 - 고구려설'을 비판하면서 북방의 고구려와 별개로 남방에 삼한이 있었으며, 그 경계를 한강 일대로 보았다. 삼한과 후대 국가에 대해서는 '마한 - 백제, 변한 - 가야, 진한 - 신라'설을 제시했다. 북방과 요동 지역은 중국의 정사 자료를 참조하여 내용을 보강했다. 한백겸은 강역과 관방에 대한 역사와 지리를 실증적인 방법으로 연구하여 역사지리학의 성립에 크게 기여했다.

오운吳澐(1540~1617)은『동사찬요』의 초기본에서 조선 전기『동국통감』의 역사지리 주장을 그대로 계승했다. 그러나 한백겸과 여러 차례 서신을 교환하면서 삼한설의 내용을 듣고서는 오히려 남쪽과 북쪽이 별개의 세계를 구성하여 발전했다는 주장을 지지하기에 이르렀다. 그 점은

『동국통감제강』과『휘찬여사』를 편찬한 영남 남인 출신의 홍여하洪汝河 (1620~1674)도 마찬가지였다. 이들은 17세기 사략형 사서나 강목체 사서를 편찬한 선구적 인물이며, 유교적 포폄사관과 정통관에 입각한 역사서를 편찬했지만 역사지리학에서는 한백겸의 영향을 받았다.

유형원은 역사와 지리에 대한 연구를 사회개혁적 차원으로 끌어올렸다. 실학의 개조라는 평가를 받는 유형원은 당대의 현실을 파악하기 위해 전국을 답사하여 전국지인『동국여지지』를 편찬했다. 그리고 이를 바탕으로 사회개혁서인『반계수록』을 완성했다.『동국여지지』는 현실을 파악하는 자료인 셈이었다.『동국여지지』는 전국을 대상으로 한 지리지였으나, 역사적 연원을 중시했던 그는 연혁조에 지역의 역사지리적 내용을 크게 보충했다. 특히 북방의 고구려와 남방의 백제에 관련된 내용을 자세히 서술했다. 유형원은 한백겸의 삼한설을 수용함으로써 우리나라 상고사가 남북이 따로 이원적으로 발전했다고 인식했다.

한백겸 이후 역사지리를 전문적으로 연구하는 학자들이 등장했으며, 이들의 연구는 상호 계승적인 측면이 있었다. 유형원의 연구 성과도 '여지지'라는 이름으로 18세기 실학자인 안정복의『동사강목』「지리고」, 신경준의『강계고』·『동국문헌비고』「여지고」 등에 계승되었다.

18세기 역사지리학의 만개

18세기에 역사지리를 연구했던 학자는 매우 다양하다. 임상덕, 이익, 유광익, 이돈중, 신경준, 안정복, 윤동규, 이만운, 홍양호, 위백규, 이종휘,

이덕무, 유득공, 이긍익, 박지원, 박제가 등이 주목된다. 이들은 대부분 후대에 실학자로 평가받는 인물들이다.

18세기에 과거를 통한 관직 진출 통로가 좁아졌을 뿐만 아니라 특정 정치세력이 관직을 독점하면서 비주류 세력은 관직에 진출하기 어려웠다. 이 때문에 특정한 전문 분야를 평생 연구하는 학자 집단이 나타나게 되었다. 역사지리를 연구하는 전문가의 등장도 그런 현상 중 하나였다. 특히 이익, 신경준, 안정복 등에 의해 이루어진 역사지리 연구는 주제와 방법에서 이전 시기에 비해 훨씬 정교했다. 강재항姜再恒의『동사평증東史評證』을 보면 18세기 주자학의 심화와 함께 등장하여 주로 도덕적 평가에 초점을 맞추던 사론史論 형식의 역사학 분야에도 역사지리 연구의 영향이 미쳤음을 알 수 있다.

신경준申景濬(1712~1781)은 한백겸과 유형원에 의해 이루어진 역사지리학을 더욱 심화했을 뿐만 아니라 그동안의 연구를 총정리하여『강계고』를 펴냈다. 그의 역사지리 연구는 영조대에 만들어진『동국문헌비고』「여지고」의 편찬으로 이어졌다. 안정복은 유형원의 글을 읽고 역사지리 연구를 발전시켰으며,『동사강목』「지리고」를 집필할 때 유형원의 글에서 많은 영감을 받았다. 안정복의 역사지리 연구는 당대에 나온 역사서 가운데 내용의 정확성과 정밀성에서 최고 수준을 보여주었다. 안정복의 연구는『동국문헌비고』를 계승하여 이만운이 편찬한『증정문헌비고』「여지고」에도 일정하게 영향을 미쳤다.

한편 이종휘李鍾徽(1731~1797)의 생각은 당시 학자들과 비교하면 특별

원형 천하도가 실린 목판본 지도첩. 18세기 후반. 국립중앙박물관 소장.

하다. 이종휘는 상고기 영역을 일반적인 학계 동향보다 파격적인 넓게 이해했으며, 단군을 본기로 설정함으로써 우리 상고사의 기원을 더욱 확장했다. 고유한 우리 문화와 신교神敎에 대한 이종휘의 생각은 개화기 지식인들과 근대 민족주의 역사학자들로부터 주목을 받았다.

18세기 학자들은 우리 상고기 소국가들의 활동 영역이 압록강 북쪽에까지 미쳤음을 묘사한 『요사』, 『금사』 등을 적극적으로 활용했다. 북학파 계열의 인물들은 중국 연행을 다녀온 경험까지 보태져 삼국 중 고구려의 위상을 가장 높이 평가했다. 그들은 고대사의 중심 무대를 요동 또는 영고탑 일원으로 비정했다. 18세기의 역사지리 연구자들은 단군조선과 기자조선으로 이어지는 상고사의 흐름을 인식하여 대부분 단군에서부터 상고기를 서술했다. 일부 학자들은 기자조선과 한사군의 영역을 아예 요동 일원으로 비정했다. 이러한 역사지리적 인식을 시각적으로 보여주는 지도에서도 기자나 한사군의 일부를 압록강 이북에 비정하고 있다.

한편 이 시기에는 국내의 역사지리에 관한 연구뿐만 아니라 서양의 지리서들이 들어오면서 관심 영역과 연구 대상이 국외로 확장되었다. 이돈중의 『동문광고』, 위백규의 『환영지』, 서명응의 『위사』 등에서 보듯이 요동을 포함하여 서역제국, 일본, 대만, 유구琉球(오키나와), 북아시아 등으로 관심을 넓혔다.

19세기 역사지리학의 재편과 계승

19세기 전반을 이끌어간 학자들로 성해응, 정약용, 한치윤, 한진서, 홍석주, 홍경모, 이원익 등을 들 수 있다.

그중 실학자의 연구로 주목되는 인물은 정약용이다. 정약용의 탁월함은 이전 시기의 연구를 비판적으로 극복하고 있다는 점에 있다. 그는 우리 상고사의 중심 무대를 한반도 안으로 끌어들이려고 했다. 이는 조선 강토의 범위와 정체성을 확인하려는 의도에서 나온 것이다.

이에 비해 성해응을 비롯하여 홍경모, 이원익 등은 18세기의 안정복이나 이만운의 연구 성과를 바탕으로 고증적으로 보완해나가는 작업에 집중했다. 성해응, 홍경모 등은 비록 전문 저술 형태는 아니었으나 역사지리에 관한 많은 논설을 제시했다. 북방 지역에 대한 행정적 관심은 폐사군복구론廢四郡復舊論으로, 요동 지역과 두만강 북쪽 지역에 대한 아쉬움은 요동수복론遼東收復論으로 나타났다.

정약용과 그의 제자로 이어지는 다산학단茶山學團의 역사지리인식은 이들과 달리 우리의 역사적 정통과 민족적 순수성의 발견에 주목하고 있다. 그 과정에서 단군, 기자, 사군의 중심 위치를 한반도에 비정했다. 그리고 예맥과 발해를 우리 역사에 수용하는 데는 주저했다. 또한 압록강과 두만강의 경계선 확보가 역사상이나 국방상에 큰 의미를 지니는 것으로 보았다. 다산학단의 역사지리 연구는 전통시대 학문의 고증적인 연구 수준에서 나온 것이지만 전문적 연구, 실증과 고증의 활용, 학문적 독립성과 객관성의 추구 등은 학문의 독립성을 확보하는 데 크게 기여했다. 내용 면에서 보인 강토에 대한 관심, 주체적 자국의식, 한강 이남에 대한 지역의식 등은 근대 역사학 분야에서도 역시

김정호의 〈대동여지전도〉를 축소한 것으로 보이는 목판본 조선전도. 그 내용은 폐사군, 낭림산, 백두산, 정계비문, 함경도, 묘향산, 금강산 등으로 구성되어 있다. 국립중앙박물관 소장.

중시되었다. 따라서 이들의 연구는 비록 근대 서구의 역사지리학과는 달랐다고 하나, 우리 근대 역사학의 학문적·정신적 토대를 제공했다고 할 수 있다. 대표적인 연구 성과로 정학연의 『유산필기』, 이강회의 『유암총서』와 『운곡잡저』, 이청의 『정관편』, 윤정기의 『동환록』 등이 있다.

한편 사료들을 별다른 비판 없이 인용하던 이전의 연구와 달리 이 시기에 들어와서는 사료의 신빙성을 고증하려는 경향이 커졌다. 『요사』, 『성경지』, 『대청일통지』 등을 『사기』, 『한서』 같은 정사와 비교하여 이들 자료의 허구성을 지적하면서 그에 근간한 이전 시기의 연구를 극복하려고 노력했다. 이 과정에서 가장 큰 극복의 대상이 된 것이 바로 신경준의

연구였다. 이 시기 역사지리학은 신경준의 연구 성과를 고증적 측면에서 비판적으로 극복하려는 데서 출발했다.

19세기 후반에 등장한 역사지리학자들은 실학의 훈도를 받은 마지막 세대라고 할 수 있다. 이들 가운데 전통적인 역사지리 연구 경향을 계승한 학자로는 김정호, 박주종, 윤정기 등이 있다.

김정호金正浩는 전국지로 편찬된 지리서인『대동지지』에서 18세기 학자들의 연구 성과를 바탕으로 하면서도 북학파 학자들의 주장을 수렴했다. 박주종朴周鍾(1813~1887)은 사찬 백과사전인『동국통지』에서 이익과 이종휘의 연구를 계승하면서 도회都會와 같은 문화권에 대한 자각을 보여주고 있다. 그리고 윤정기尹廷琦(1814~1879)는 역사지리 백과사전인『동환록東寰錄』에서 정약용의 지리고증을 조술祖述하면서 이전의 연구 성과를 사전식으로 편집하고 있다. 이는 실학파 지식인들의 사상적 계승이라는 측면에서 주목된다.

조선 후기 역사지리를 연구했던 실학자들은 자신의 사회개혁과 부국강병 의식을 역사지리 연구에 투영하면서 대체로 조선 전기의 관부 학사들에 비해 국가의 계승과 수도의 변천, 종족의 행방과 지명의 변동, 지역의 산물과 관방시설에 관심을 가졌다. 영역관에 있어서도 조선 전기에 비해 국경을 더 북쪽으로 밀어올리거나 요동 쪽으로 비정했다. 실학자들은 확장된 강역의식을 통해 과거 역사에 대한 자존심을 회복하고자 했다. 실학자들을 중심으로 한 이러한 역사 연구와 지리고증은 양반 사대부의 잡기로서가 아니라 전문적인 연구의 결과물이었다. 중국과의 교류가 확대되어 자료의 수집이나 해석이 풍부해졌고, 고증적인 연구 방법을 도입하면서 엄밀한 사료 비판이 이루어져 실학자들은 이전과 다른 연구 결과를 산출할 수 있었다. 조선 후기의 역사지리학은 이러한 전문성을 바탕으로 하나의 전문적인 학문 분야로 자리 잡게 되었다.

글·박인호

~∽ 참고문헌 ∽~

• 박인호, 『조선 후기 역사지리학 연구』, 이회문화사, 1996.
• 박인호, 『한국사학사대요』, 이회문화사, 1996.
• 박인호, 「조선시기 역사지리학의 추이와 특성」, 『조선사연구』 7, 조선사연구회, 1998.
• 박인호, 『조선 후기 역사가와 역사지리 인식』, 이회문화사, 2003.

역사는 발전하고 진보한다

조선 후기 역사학 방면에서 이룬 발전은 실학자들의 역사인식의 변화와 이에 기초한 연구방법론의 개발에 기인한 바가 크다. 주자학이 시대의 지배 사상이 됨에 따라 변화하는 현실을 제대로 설명하지 못하고 새로운 변화를 이끌어내지 못하는 상황에서 실학자들은 개혁적 문제의식과 역사관을 가지고 현실 문제를 바라보았다. 이러한 현실 인식과 문제의식은 조선 후기 실학자와 주자학자를 구별하는 지점이다. 실학자들의 진보적인 역사인식과 이에 바탕을 둔 조선 후기의 역사학은 조선 전기의 교훈과 정치 중심의 역사학, 조선 중기의 성리학적 의리와 명분의 역사학과는 구별된다.

실학자들의 역사의식은 어떠했는가

현실을 개혁해야 한다는 개혁적 문제의식

조선 후기 제도의 개선에 관심을 가졌던 실학자들은 개혁안의 역사적인 연원을 과거의 서책에서 찾았다. 이를 통해 중국과 조선의 역대 제도의 연혁을 고찰하거나 전고典故를 밝히려고 했다. 이들은 과거의 이상적 시대를 모범으로 삼아 현실의 사회개혁안에 투영함으로써 경세제민의 이상을 실현하고자 했다.

이러한 경세치용의 개혁안은 유형원의 『반계수록』, 유수원의 『우서』, 정약용의 『경세유표』 등에 잘 나타나 있다.

한편 홍대용 이후 연행을 통해 중국의 발전을 직접 눈으로 본 박지원, 이덕무, 유득공, 박제가 등은 낙후한 조선 현실을 반성하면서 이용후생의 개혁안을 구상했다. 이들 북학파 인물들은 오랑캐라고 여겼던 청나라의 발전과 당시 청나라에 유입된 서양 문명에 자극받아 수레, 선박, 벽돌 등의 선진기술의 도입과 대외무역의 육성을 주장했다. 박제가는 『북학의 北學議』에서 북학파의 경제사상을 체계적으로 정리했다.

경세치용과 이용후생의 개혁론은 기존의 제도와 문명에 대한 반성에서 출발한다. 실학자들은 비록 형식적으로는 고전을 인용하거나 과거의 개념으로 설명하고 있으나, 과거로 되돌아가는 것이 아니라 현실을 개혁하는 근거를 과거에서 찾았을 뿐이다. 실학자들의 궁극적 목표는 현실의 개혁과 새로운 이상 사회의 건설이었다.

역사 발전과 진보에 대한 믿음

실학자들은 사관史觀 면에서 역사의 발전과 진보를 인식하기 시작했다. 이익은 역사의 성공과 실패는 처한 바의 '형세形勢'에 따라 살펴야 한다고 주장했다. 그리고 역사는 도덕과 분리되어 객관적으로 움직여간다고 생각했다. 이익은 형세와 인간 행위가 통일적으로 작동함으로써 역사가 움직인다고 보았다. 그는 역사의 운영 원리로 이전의 지배적인 관념인 도덕과는 다른 '형세'라는 개념을 발견했다.

정약용은 이익보다 더욱 적극적으로 역사에서의 진보를 역설했다. 그는 시대가 흐르면 흐를수록 기예는 발전한다는 기술문화 발전관을 가지고 있었다. 또한 역사 형성의 요소로 지리적 요인과 환경적 요인을 중시했다. 역사는 발전하고 진보하는 것이라는 인식이 실학자들 사이에 차츰 확대되었으며, 최한기崔漢綺(1803~1877)는 운화運化(순환성과 변화성을 통틀어 지칭하는 철학적 개념)라는 개념을 통해 조선의 '문명개화'를 역사의 방향으로 제시했다.

동양의 전통사회에서는 역사에서의 발전관이 거의 나타나지 않았다. 오히려 역사는 일정한 순환을 이루며 전개된다는 것이 일반적인 관념이었다. 따라서 실학자들이 역사에서 발전과 진보를 인식하기 시작한 것은 중요한 변화라고 할 수 있다. 이는 실학자들이 정치적 교훈과 도덕적 선악에 따라 역사를 평가하기보다 역사에 작동하는 다른 운영 원리를 인지하기 시작했다는 것을 의미한다.

존화적 화이관의 탈피

조선 후기에는 세계지리 지식이 확대되면서 중국을 중심으로 생각하는 존화尊華적 화이관에서 벗어나 문화를 기준으로 한 화이관이 나타났다. 중화와 이적夷狄을 판별하는 기준이었던 혈연적 측면보다 문화적 우열을 강조하게 된 것이다. 이에 따라 만이蠻夷로 간주되던 요, 금, 원과 소중화小中華를 자임하던 조선의 위상도 재평가될 수 있었다.

17세기 이전까지 조선의 세계지리 인식은 중화적 세계관이 반영된 『산해경』이나 『수경』 등의 각종 지리지에 의해 형성되었다. 당시 유학자들은 주자학적 정통관과 화이사상에 입각하여 세계를 이해했다. 이는 중세적 천문관인 천원지방설天圓地方說과 밀접하게 연관되어 있다. 천원지방설에서 세상의 중심은 하나, 즉 중국이었다.

그러나 서양 사정을 각종 번역서와 지리서를 통해 알게 되면서 차츰 중화적 세계관에서 벗어나 독자적인 조선 문명의 가치를 재발견하기 시작했다. 특히 과학과 천문학에 관심이 많은 실학자들은 새로운 지식을 바탕으로 차츰 존조선적尊朝鮮的 역사인식으로 전환하게 되었다.

17세기 실학의 개조인 유형원만 하더라도 여전히 명나라를 중심으로 생각하는 존명적 화이관을 버리지 않았다. 이때만 하더라도 명에 대한 부채의식과 중화적 존명의식이 여전히 맹위를 떨치고 있었던 것이다.

실학자 가운데 화이관에서 벗어난 인식의 변화를 명확하게 보인 인물은 18세기 전반의 이익이었다. 이익은 "중화를 높이고 이적을 천시하는 것은 아무런 의미가 없다"고 하면서 조선의 독자성을 강조하기에 이르렀다. 서양의 천문서를 읽은 이익은 중국이 세계의 중심이 아니라 일부임을 인지하고 있었다.

18세기 후반 홍대용, 박지원, 박제가 등의 북학파 학자들은 대명의리론對明義理論(명나라에 대한 의리를 지켜야 한다는 이론)에서 완전히 벗어난 것은 아니지만 이전의 주자학적 화이론과 달리 문화적 화이론을 주장했다. 홍대용은 "중화와 오랑캐가 다를 것이 없다"고 하면서 유교의 척도로 보면 상호 간에 존비관계가 없다고 말할 정도였다. 그리고 땅이 둥글며 스스로 돌기 때문에 지리적인 화이 구별은 있을 수 없다고 했다. 홍대용은 북학자 중에서는 기존의 종족적·지리적 화이관에서 가장 멀리 벗어나 있었다. 그는 연행을 통해 청 문물의 번영을 목도하고서 차츰 소중화적 세계관을 청산하게 되었다. 박지원과 박제가는 북벌론 등의 허구성을 지적하고, 청 조정과 문물을 분리하여 오히려 청나라의 좋은 점을 배워야 한다고 주장했다.

19세기 전반에 정약용은 화이를 판별하는 기준으로 종족이나 지리가 아니라 문화를 제시했다. 정약용은 이러한 문화관을 통해 조선 문화의 독자성을 강조하는 논리를 발전시켰다.

실학의 각 유파에서는 차츰 중국을 중심으로 하는 존주적尊周的 화이관에서 벗어났다. 19세기가 되면 전통적인 중국 중심의 종족적·지리적 차별의식을 극복하고 조선 문명의 독자성을 자각하기 시작했으며, 이것은 우리 고유의 역사와 문화에 대한 자부심으로 나타났다. 다만 조선 문명에 대한 자각에도 불구하고 정치적·종족적 화이 인식의 구도를 뛰어

넘는 데는 한계가 있었다.

민족 중심의 세계관 구축

실학자들은 민족 중심의 새로운 세계관을 마련하여 대등한 국제질서를 상정하기 시작했다. 그들은 민족 시조로 단군을 높이 평가하고 역사서의 첫머리에 기술하는 것을 당연하게 여겼다. 또한 민족의 활동과 역사를 중국과 분리된 독립된 세계로 설정하고자 했다. 이에 따라 한반도의 위치와 지형을 주목하고 단군과 기자를 민족의식과 자존의식의 상징으로 부각했다. 이때까지만 하더라도 조선과 중국 사이에는 정치적인 조공-책봉의 상하관계가 존재했다. 그러나 실학자들은 과거 역사에서의 수평적이고 대등한 양상을 보여줌으로써 상하관계를 부정하고 대등한 국제질서 속에서 세계를 보려고 했다. 이익이 중국은 큰 땅 가운데한 조각에 불과하다고 선언한 것도 이러한 대등한 국제질서를 상정한결과다.

이러한 관점을 역사서로 정리한 인물은 이종휘, 박지원, 정약용 등이다. 이종휘는 우리 민족의 시조를 단군으로 설정하고 단군을 중국의 복희씨나 신농씨 같은 존재로 보았다. 그리고 단군과 이에 신속한 부여, 옥저, 비류 등을 우리 고대사의 주류로 간주했다. 이종휘는 조선 후기 학자가운데 가장 적극적으로 단군에 역사적 의미를 부여한 인물이었다.

박지원은 기자를 중국과 대립되는 세력으로 간주했다. 기자가 처음에는 요서에 도읍을 두었다가 연나라에 밀려 차츰 동쪽으로 왔으며, 요동을 거쳐 대동강변에 이르게 되었다고 보았다. 정약용은 여기에서 더 나아가 우리 상고기 역사에서 명멸해간 많은 부족들의 민족적 순수성을 발견하고 조선 민족의 개별성에 주목했다.

조선 후기 단군으로부터 시작하는 민족의 순수성과 개별성에 대한 강화된 인식은 후일 제국주의 침략에 맞서 민족적 자주성과 독립성을 주장하는 사상적 기초가 되었다.

실학자들의 역사학 연구가 이룩한 학문적 성과

조선 후기 사회는 역동적인 변화를 겪고 있었지만 집권층은 여전히 주자학을 바탕으로 한 도덕적 명분론, 중화 중심의 화이론, 성리학적 정통론에 입각한 역사의식을 지니고 있었다. 그렇지만 이 시기에 일부 선각적인 실학자들은 농촌의 생산력 확대에서부터 외국의 선진기술 도입에 이르기까지 강하고 근대화된 국가로 발전하는 것을 추구하게 되었다. 이들은 사회개혁을 통해 부국강병을 달성하려는 문제의식을 가지고 있었다.

실학자들은 사회정책적인 측면에서 새로운 변화를 추구했으나 현실에서는 정책에 개입할 힘을 가지지 못했다. 그리하여 이들은 주로 학문적인 분야에서 사회개혁과 부국강병을 이루기 위해 제도의 문제점을 지적하고 연구하는 데 일생을 바치게 되었다. 이러한 제도적 문제에 대한 주목은 자연히 역사·지리에 대한 관심과 연구로 이어졌다. 그 가운데 역사학 분야에서는 전통의 재발견을 통한 전문적인 역사 연구 및 정리가 이루어졌다. 특히 이 시기에 가장 큰 고증적 연구 성과를 보여준 역사지리 분야는 고도의 학문적 수련과 자료 수집을 요구했다. 이들에 의해 역사와 지리에 관한 연구가 이루어지면서 역사학은 경학에서 분리되어 전문화된 학문 분과로 발전했다.

이 시기 실학자들은 역사 연구에서 객관성과 자주성을 강조했다. 조선 전기까지만 하더라도 이전의 역사 논평을 그대로 재인용하거나 이념적 논평을 하는 것이 역사 연구의 주된 내용이었으나, 실학자들은 관련 사료를 종합하여 판단하거나 형세와 지리적 여건 등을 비교하여 결론을 도출하는 등 학문적으로 진일보한 방법을 보여주었다.

역사인식에서는 존화적 화이관에서 벗어나 독자적인 우리 역사의 발전을 인식하고 기자 정통론에서 벗어나 단군을 최초의 정통성을 가진 군주로 인식했다. 또한 남북이 각기 별개로 발전했다는 남북이원 발전론과 함께 기자를 계승한 삼한 혹은 마한을 역사의 정통으로 보는 삼한정통론을 제시했다. 유교 문명의 전래자이자 교화를 베푼 군주로 간주되었던 기자를 존숭하던 데서 벗어나, 차츰 민족의 계통적 발전을 중시하고 이에 상응하여 단군과 발해에 주목했다.

역사의 변수에 대한 이해에서는 정통론이 여전히 중요한 기준이었지만 지리, 풍토, 문화 등의 요소를 고려하기 시작했다. 지리만 하더라도 실학자들의 개혁적 역사인식이 반영되면서 『동국여지』를 비롯한 전국지와 각 지역의 읍지에는 실학파의 개혁론이 수렴되어 편찬되었다. 이는 실학자들이 역사 발전의 다원성을 인정한 것이라고 하겠다. 현실 지리 세계에서도 형이상학적 관점에서 벗어나 있는 그대로의 형태를 보여주는 다양한 지도가 편찬되었다.

실학자들은 역사를 전문적으로 연구하면서 다양한 역사 서술 체제를 시도했다. 거대한 장서가와 수집가의 출현으로 중국과 국내의 자료들이 풍부해지면서 자료에 대한 고증적 접근이 가능해졌다. 조선 중기에는 『요사』나 『금사』가 주된 역사 연구 자료였으나, 조선 후기에는 중국에서 간행된 고증적 저술까지 참고할 수 있었다. 이에 따라 시기적으로는 단군조선에서부터 고구려와 발해로 거슬러 올라갔고, 지역적으로는 요동 일대까지 확대된 강역의식을 가지게 되었다.

조선 전기에 편찬된 역사서들은 주로 관부의 지원을 받아 나온 결과물이었다. 그러나 조선 후기의 실학자들은 관부의 지원 없이 개인의 학문적 관심과 개성에 따라 연구를 진행했다. 안정복의 『동사강목』, 이긍익의 『연려실기술』, 한치윤의 『해동역사』 등이 그런 예다. 조선 전기에는 관부의 주도로 연구가 진행되었다면 이제 개인에 의한 연구와 저술활동이 전개되었음을 의미한다.

실학자들의 역사 저술에는 당대 사회에 대한 문제의식에 따라 경세적인 경향이 강하게 나타났다. 그리고 조선 문명에 대한 자각으로 우리의 독자적인 문화와 전통을 재발견하려는 의식이 고조되었다. 역사 연구의 방법과 내용에 있어서는 고증적이고 합리적인 연구가 나타났다. 따라서 근대 역사학의 학문적·정신적 토대는 이미 조선 후기 실학자들의 역사인식과 역사학에서 구축되었다고 볼 수 있다.

글·박인호

～ 참고문헌 ～

• 박인호, 『한국사학사대요』, 이회문화사, 1996; 3판, 2001.
• 박인호, 『조선 후기 역사가와 역사지리인식』, 이회문화사, 2003.
• 배우성, 『조선과 중화 ─조선이 꿈꾸고 상상한 세계와 문명』, 돌베개, 2014.
• 정창렬, 「실학의 역사관 ─ 이익과 정약용을 중심으로」, 『다산의 정치경제사상』, 창작과비평사, 1990.
• 정창렬, 「실학의 세계관과 역사인식」, 연세대 국학연구원 편, 『한국실학사상연구』 1, 혜안, 2006.
• 조광, 「조선 후기의 역사인식」, 『한국사학사의 연구』, 을유문화사, 1985.
• 조성을, 「조선 후기 역사학의 발달」, 『한국사 인식과 역사이론』, 지식산업사, 1997.

3장

실학과
연행

국제정세를 이해하고 현실 문제를 해결하라

조선 후기에 외국을 여행하는 코스에는 세 가지가 있었다. 먼저 공식 코스로 서울에서 의주를 거쳐 청의 북경을 방문하는 '연행사 코스'와 서울에서 부산 동래를 거쳐 일본의 도쿄를 방문하는 '통신사 코스'가 있었다. 이와 별도로 본인의 의지와 상관없이 가장 먼 곳까지 여행하게 되는 '표류자 코스'가 있었다. 이중에서 사람의 왕래가 가장 빈번한 것은 '연행사 코스'였다. 연행사燕行使란 청의 수도인 연경燕京, 즉 북경을 방문하는 사신이라는 뜻이다. 조선 전기에는 조천사朝天使를 파견했는데, 조천사는 명의 천자에게 조회하러 가는 사신이라는 뜻이다.

조선 정부는 총 700여 회에 걸쳐 연행사를 파견했다. 조선이 병자호란에서 패한 1637년 이후에는 매년 네 차례씩 사신을 파견했다. 그러나

18세기 중국 사행을 그린 그림
첩. 국립중앙박물관 소장.

청이 북경을 장악한 1644년 이듬해부터는 매년 한 차례씩 사신을 파견
했으며, 이는 청일전쟁이 일어난 1894년까지 계속되었다. 이와 별도로
청 황실에 축하할 일이 있거나 요구 사항이 있을 때, 혹은 위문할 일이
생기면 수시로 사신을 파견했다. 사신단의 규모는 일정하지 않았다. 정
기적으로 파견된 사신단의 규모는 정사, 부사, 서장관 각 1명, 통역을 담
당하는 대통관 3명, 물품을 관리하는 압물관 24명을 합쳐 30명 정도였
고, 이들을 수행하는 인원까지 합하면 200명에서 300명 정도가 되었다.

해마다 수백 명의 사신단이 북경으로 파견되었지만 조선의 지식인이
북경을 방문하기란 매우 어려웠다. 정사나 부사, 서장관에 임명되거나
이들의 자제로 군관의 직함을 가진 자제군관子弟軍官이 되는 수밖에 없었
기 때문이다. 홍대용과 박지원은 명성이 높은 집안의 자제로 북경을 방
문할 수 있었다. 반면 정약용과 최한기는 뛰어난 학자였지만 그런 기회
가 오지 않았다. 그들은 북경을 방문한 사람이나 그들이 북경에서 구입
해온 책을 통해 간접적으로 경험할 수밖에 없었다.

새로운 정보의 교환

　조선의 지식인은 외국 여행을 통해 새로운 정보를 접했다. 이들은 각자 여행지에서 확보한 정보를 가지고 귀국했고, 교유하는 벗들에게 그 정보를 확산시켰다. 조선 후기의 학계는 한양과 경기 지역을 포괄하는 수도권과 충청, 경상, 호남, 서북 지역으로 구분되었다. 이중에서 학계의 변화를 주도한 것은 수도권이었다. 외국에서 들어오는 정보들은 일단 수도권에 집결된 후 주변 지역으로 퍼져나갔기 때문이다.

　수도권에는 학문이나 정치적 성향에 따라 몇 개의 지식인 집단이 있었다. 홍대용·박지원·조인영·김정희가 속한 노론계 집단, 서명응·이종휘·서형수·홍양호가 포함된 소론계 집단, 채제공·이맹휴·이가환·정약용의 남인계 집단이 그것이다. 성대중, 성해응, 박제가, 이덕무는 노론계였지만 양반가의 서자 출신이라 중인 집단의 특징을 가지고 있었다.

　이들은 집단 내의 교류를 통해 새로운 정보를 교환했지만 인근에 사는 다른 집단의 지식인들과도 교유했다. 박지원은 "귀천이 달라도 덕이 있으면 스승으로 삼을 수 있고, 나이가 같지 않아도 인仁을 도울 수 있으면 벗할 수 있다"라고 했다. 신분의 벽이나 정치적 성향의 차이를 넘어선 소통의 중요성을 강조한 말이다.

　정조의 학문 정책도 수도권 지식인의 정보 교류를 도왔다. 정조는 창덕궁 후원에 규장각을 설치하고, 초계문신과 검서관이란 직제를 두어 학문이 뛰어난 젊은 관리를 집중적으로 배치했다. 정조는 이들에게 청에서 수입되는 새로운 학문을 연구하게 함으로써 개혁적인 정치이념을 마련하고 개혁정치의 실무를 담당할 인재로 양성했다.

정조가 주도한 규장각의 교육 프로그램과 국가적 편찬사업은 수도권의 지식인들에게 새로운 학문 정보를 교환하는 기회를 제공하고 사회를 개혁할 방안까지도 마련하게 했다.

생산기술의 개선

조선의 지식인들이 목격한 청나라 도시의 풍경은 놀라움 그 자체였다. 반듯하게 정리된 도로는 사람들로 붐비고 물건을 가득 실은 수레가 바삐 움직였고, 도로변을 따라 벽돌로 높다랗게 지은 집은 화려했다. 일반인의 차림새나 살림살이에서 시골티를 찾아보기는 어려웠다.

박지원은 오랫동안 서울에 살았던 사람이지만 청의 변방인 책문柵門에서 목격한 풍경은 그의 자존심을 무너뜨리기에 충분했다. 그는 "책문은 동쪽 끝 벽지인데도 이 정도인데 앞으로 구경할 것을 생각하니 문득 기가 꺾였다. 여기서 발길을 돌리고 싶은 생각이 치미면서 전신에 불을 끼얹은 것같이 후끈한 느낌이 들었다"라고 고백했다.

박제가도 청의 풍경에 찬탄하지 않을 수 없었다. 그는 건물 장식이 번쩍이고, 거리에는 수레가 북적이며, 음악 소리가 들리는 데다 향내가 가득하다고 했다. 박제가는 조선의 문물 중에서 청에 견줄 만한 것을 찾기가 어려웠다.

조선과 청의 이러한 차이는 생산기술에서 비롯했다. 조선의 지식인에게 청은 여진족이 일으킨 오랑캐의 나라이자 조국을 침략한 원수의 나라였다. 그러나 그들이 목격한 청은 엄청난 경제적 번영을 누리고, 청의 문물은 이전부터 중국에 있던 중화문명의 산물이었다. 청의 생산기술이 조선보다 나은 데다 그것이 중화의 문물이라면 조선에서 도입하지 않을 이유가 없었다.

박지원은 중국 땅에 들어서면서부터 청의 생산기술을 꼼꼼하게 관찰하고 기록했다. 그들의 생산기술을 조선에 도입하기 위해서였다. 정약용에게 청의 선진기술은 모두 습득해야 할 대상이었다. 정약용은 기초 산업인 농업에 관한 기술은 물론이고 베 짜는 기술과 병기 제조법을 도입해야 하며, 궁궐과 성곽의 건축, 수레와 선박의 제조법까지 배워야 한다고 강조했다. 선진기술을 도입하여 민생을 안정시키고 부강한 나라를 만드는 것은 지식인의 임무라고 생각했다.

조선의 지식인들은 국가적 차원에서 청의 생산기술을 조직적으로 도입하는 방안도 제시했다. 박제가는 청에서 농기구와 농사기술을 도입하여 중앙에서 시험하고 이를 전국으로 확산시키는 방안을 제안했다. 새로운 농기구는 서울의 대장간에서, 농사기술은 서울 근처에 있는 둔전이라는 국영 농장에서 시험하여 성과가 좋으면 전국적으로 확대한다는 것이었다.

정약용은 공조 아래에 이용감利用監이라는 관청을 설치하는 방안을 제시했다. 이용감에 수학과 중국어에 능한 관리를 배치하여 북경에서 생산기술을 익히고 생산기구를 도입하자는 것이었다. 북경에서 돌아온 관리는 수도권에서 시험 제작한 후 전국으로 보급하고 실적이 좋은 관리에게는 승진의 혜택을 주자고 했다.

박제가는 생산기술이 뛰어난 서양의 선교사를 조선으로 초청하여 조선의 인재들에게 서양 기술을 직접 전수하는 방안을 제시했다. 이는 청에서 선진적인 생산기술을 도입하는 가장 적극적인 방안이었다.

교통수단의 혁신

오늘날 한국은 자동차와 선박 생산에서 세계 최고 수준을 자랑한다. 그러나 불과 200년 전만 해도 조선의 지식인들은 청에서 수레와 선박의 제조법을 들여오자고 했다. 당시에는 수레와 선박이 가장 중요한 교통수단이었다.

조선시대에 사람이 이동할 때에는 가마나 말을 이용했고, 물자를 옮길 때에는 소와 말에 등짐을 지웠다. 그리고 수레가 다닐 정도로 넓은 도로는 제대로 갖춰지지 않았다. 이처럼 도로가 정비되지 못하고 교통수단이 발달하지 않으면 농산물이나 수공업 제품은 제한된 지역에만 머물게 되고, 결국은 생산성이 떨어져서 모두 가난해질 수밖에 없었다. 산골 사람은 해산물을 맛보지 못하고, 서북 사람은 귤 맛을 몰랐으며, 한 가지 물품을 사들여 비축해두면 그 물품의 가격이 폭등했다. 물품의 유통이 원활하지 못했기 때문이다.

조선의 지식인들은 청의 생산기술을 도입하여 농업생산량을 늘리고, 우수한 기계를 도입하여 수공업 제품의 생산을 늘리자고 주장했다. 그러나 생산량이 늘어도 물품이 유통되어 판매되지 못한다면 아무 소용이 없었다. 교통수단의 혁신을 강조한 것은 이 때문이었다.

수레는 육상 교통에서 가장 중요한 수단이었다. 그러나 수레는 지체 높은 사람이나 이용할 뿐 일반인이 이용하는 경우는 드물었다. 수레의 제작 기술이 발달하지 못했고, 조선에는 산이 많아 수레가 다니기 어렵다고 보았기 때문이다. 북경을 방문한 홍양호는 수레를 이용하면 사람이나 말의 힘을 크게 절약하고 아무리 험한 곳이라도 수레가 다닐 수 있음을 목격했다.

정약용의 제자 이강회李綱會는 수레가 조세를 운송하는 데 편리하다고 했다. 제주도에서 해마다 조정에 바치는 공물을 옮기려면 100마리의 말이 필요한데 수레는 10대면 충분하므로 운송비를 줄이고 노역에 동원되는 백성의 고통도 덜 수 있다는 주장이었다. 조선의 지식인들은 수레를 이용하면 물자 운송비를 줄이고 유통을 원활히 하여 시장을 키우고 물가를 조절할 수 있다고 생각했다. 이를 위해서는 청의 수레 제도를 도입해야 했다.

선박은 물 위를 움직이는 교통수단이었다. 조선시대에는 수로가 주요 교통로였고 지방에서 납부한 공물은 대부분 선박에 실려 수로를 따라 서울로 운반되었다. 그러나 조선의 선박은 수심이 깊은 먼 바다를 항해하지 못하고 연안 항로로만 이동했다.

박제가는 청의 상선이 조선에 와서 무역할 수 있도록 허락하여 그들의 선박 기술을 익히거나, 조선 상인이 중국으로 가서 교역하는 방안을 제안했다. 조선과 청의 민간 무역이 허용되면 조선 상인이 솜씨 좋은 기술자를 데려가 중국의 선박 제도를 관찰하여 도입할 수 있다고 보았다.

정약용은 조선 해안에 표류하는 선박을 이용하여 우수한 제도를 수용하자고 했다. 그는 외국의 표류선이 있으면 이용감에서 관리와 기술자를 파견하여 선박의 구조를 꼼꼼하게 조사하는 것이 중국에서 선박 건조기술을 배워오는 것과 같은 효과가 있다고 보았다.

이처럼 조선의 지식인들이 교통수단의 혁신을 주장한 것은 조선의 가장 큰 문제인 가난 때문이었다. 가난을 구제하려면 우수한 생산기술을 도입하여 제품의 생산을 늘리고, 교통수단을 혁신하여 유통을 활성화하고 시장을 발달시켜야 했다. 또한 청과의 무역을 통해 시장에서 유통되는 물품의 질과 양을 개선해야 했다.

국토 방위의 중요성

조선의 지식인들은 중국을 중심에 놓고 그 외곽을 조금씩 넓혀가는 방식으로 세계를 이해했다. 서양에서 들어온 지도에는 수많은 지명과 국가가 등장했다. 그러나 조선의 지식인들은 그 실체를 경험할 기회가 드물었기에 이를 사실로 받아들이지 못했다. 북경을 방문한 사람이라면 몽골인과 서양 선교사, 아라사(러시아)의 상인을 볼 기회가 있었고, 도쿄를 방문한 사람은 멀리서 네덜란드 상인을 보는 정도였다. 이들은 중국의 바깥에 새로운 세계가 존재한다는 것을 알았다. 그러나 조선은 여전히 중국과 함께 세계의 중심부를 이루고 그 영역도 실제보다 훨씬 넓은 것으로 이해했다.

조선의 지식인은 조선과 청의 우호관계가 지속될 것으로 보지는 않았다. 지금은 청이 중국을 지배하고 있지만 언젠가 그들의 본거지인 영고탑寧古塔 지역으로 돌아갈 것이라고 믿었다.

이종휘는 청이 심양을 중시하는 정책을 쓰는 것은 그들이 본거지로 돌아갈 때를 대비하는 증거라고 보았다. 청이 본거지로 돌아가면 조선에 식량을 요구하거나 영토의 분할을 요구할 가능성이 높다고 보았다.

조선과 청의 관계가 미묘하므로 청의 침략에 대한 대비책이 필요했다. 조선의 지식인들이 청에서 도입하려 했던 생산기술이나 교통수단에는 벽돌, 목축, 수레, 선박 등이 있었다. 이것들은 평상시에는 나라를 부유하게 하는 도구지만 유사시에는 전쟁 수행의 도구로 활용되었다. 벽돌은 성곽을 쌓고, 목축으로 기른 말은 전마가 되며, 수레와 선박은 전차와 전선의 용도로 쓰일 수 있었다.

박제가는 조선이 청의 우수한 제도를 배워 그들을 능가하는 실력을 갖춰야 병자호란 때 당한 치욕을 씻을 수 있다고 생각했다. 그가 도입하

148

려 했던 청의 제도는 조선의 국방력을 강화하는 도구이기도 했다.

"수레는 무기가 아니지만 수레를 사용하면 군사 물자를 편리하게 수송할 수 있다. 벽돌은 무기가 아니지만 벽돌을 사용하면 만백성의 안전을 위한 성곽을 제대로 구비하게 된다. 기술자의 기술과 목축은 무기는 아니지만 삼군이 사용할 말이나 공격하고 전투하는 장비가 갖춰지지 않았다면 군사활동을 전개할 방법이 없다."

정약용은 이용감에서 청의 벽돌 제조법을 도입한 후 국경 지대의 성벽을 차례로 고쳐 쌓아야 한다고 주장했다. 실제로 정조는 내외의 적을 대비한 수원 화성華城을 건설하면서 벽돌로 옹성을 쌓았다.

홍양호도 청의 제도와 문물을 도입하여 청과의 전쟁에 대비하자고 했다. 그는 청의 우수한 말을 도입하여 전마로 사용하고, 수레 제도를 도입하여 기병을 돕는 전차를 만들며, 벽돌 제도를 도입하여 청의 예상 침입로에 있는 성곽을 보수하거나 신축하자고 했다.

이강회는 조선은 삼면이 바다이고 외부에 강국이 있는데 전선을 제대로 갖추지 못한 것을 걱정했다. 그는 해상으로 침략하는 외적을 대비하려면 전선의 정비와 보완이 필수적이라고 생각했다.

외국어 습득과 첩자 활용

조선이 이러한 전쟁수단을 제대로 갖춘다 하더라도 국제정세를 모르면 아무 소용이 없었다. 조선의 지식인들은 국제정세를 파악하고 비상시에는 해당국과 의사를 소통하기 위해 유능한 역관이 필요하다고 생각했다. 당시 동아시아 정세를 감안할 때 조선을 침략할 가능성이 높은 나라는 청, 몽골, 일본의 순이었고, 이에 대비하려면 중국어, 몽골어, 일본어의 습득이 시급했다. 실제로 조선을 침략한 나라는 서양과 일본이었지만, 19세기 전반까지 조선의 지식인들은 서양의 침략 가능성을 매우 낮게 보았다.

박제가는 비상시라면 역관에게 외교를 맡길 수 없으므로 사대부 지식인이 직접 중국어, 만주어, 몽골어, 일본어를 익혀야 한다고 주장했다. 홍양호는 중국어와 몽골어의 습득을 강조했다. 청의 급박한 요청이 있거나 군사력이 강한 몽골에 대비하려면 평소에 외국어를 익혀두어야 했기 때문이다.

박지원은 국제정세를 제대로 파악하려면 조선의 첩자를 청에 상주시키면서 정보를 수집해야 한다고 생각했다. 사대부의 자제가 북경에 가서 청의 과거를 통과하여 관리로 지내면서 중앙정부의 동향을 파악하고, 조선 상인은 중국 각지를 다니면서 명의 회복을 기도하는 강남의 한족과 연계하는 방안도 구상했다. 박지원은 청의 우수한 제도를 도입하여 부국강병을 이루고, 다양한 정보망을 통해 국제정세의 변화를 면밀히 살펴야 한다고 주장했다.

조선의 지식인들은 급박한 국제정세 속에서 자신들이 해야 할 임무를 명확히 자각하고 현실에서 나타나는 문제를 해결하기 위해 많은 노력을 기울였다. 우리는 이를 조선 후기의 개혁사상인 북학론北學論이라 부른다.

글 · 김문식

～◦ 참고문헌 ◦～

· 김문식, 『조선 후기 지식인의 대외인식』, 새문사, 2009.
· 김영원 외, 『항해와 표류의 역사』, 솔, 2003.
· 김태준 외, 『연행의 사회사』, 경기문화재단, 2005.

연행록, 중국 여행을 기록하다

　17세기 초 동아시아의 3국 조선, 중국, 일본은 모두 역사적으로 큰 변화를 겪었다. 중국은 명·청 왕조의 교체가 있었고, 일본은 에도시대가 열렸다. 조선은 인조반정 이후 청과 벌인 전쟁(병자호란)에 패하면서 명이 아닌 청에 조공외교를 해야 했다.

　동아시아의 질서가 재편되면서 조선은 해마다 정기적으로 두 차례, 비정기적으로는 한두 차례 외교사절단을 청에 파견했다. 외교사절로 중국을 방문하는 것을 부경사행赴京使行 혹은 연행燕行이라고 하는데, 황제가 있는 연경(지금의 북경)에 가는 외교행위의 뜻을 담고 있다. 연경은 오늘날 중국의 수도이기도 하지만 과거 원, 명, 청의 수도였다. 오랜 기간 중국의 수도였던 탓에 연경에 가는 것이 곧 중국 사행을 뜻하게 된 것이다.

조선시대에는 명나라 사행을 천자를 알현한다는 의미에서 '조천朝天'이라 일컬었다. 반면 청나라에 가는 사행은 숭명반청崇明反淸의 감정에 따라 조천 대신 연행이라는 말을 주로 사용했다.

조선이 청나라에 사신을 보낸 것은 1637년(인조 15)부터 1894(고종 31)년까지다. 250여 년 동안 줄잡아 500회 이상 사행단이 청나라를 다녀왔다. 이때 사행에 참여했던 사람들이 중국에서 보고 들은 견문을 글로 남겼는데, 연암 박지원의 『열하일기』를 비롯하여 현재 400여 종이 넘는 중국 여행 기록이 전해진다.

외교사절이 중국 사행에서 경험하고 느낀 것을 기록한 글을 사행록使行錄이라 한다. 이 사행록은 시대에 따라 다르게 불렸는데 원나라 때는 '빈왕록', 명나라 때는 '조천록', 청나라 때는 대개 '연행록'이라고 불렸다. 연행록은 주로 조선 후기의 청나라 사행록을 뜻하지만, 현재 중국 견문록을 통상 연행록이라고도 지칭하여 다른 명칭보다 훨씬 포괄적으로 사용되고 있다.

연행록은 공식적인 보고 문서인 등록과 달리 일정한 형식에 얽매이지 않고 연행에 직접 참여한 인물이 견문과 감회, 의론 등을 적은 여행 기록물이다. 연행록은 공적인 보고 형식도 있었지만, 개인적인 일기 형태의 저술이 대부분으로 기록한 사람의 개성과 창작 역량이 훨씬 자유롭게 발휘될 수 있었다. 대부분 일기체의 '일록' 형식이나, 기사체 또는 잡록 형식도 있다. 따라서 기행시나 기행산문이 많으며, 간혹 여성 독자를 위한 한글 기행가사도 있다.

연행록은 대부분 한자로 쓰였지만, 한글로 된 연행록도 있다. 홍대용의『을병연행록』이 대표적이다. 홍대용은『담헌연기』라는 연행록을 썼는데, 한문 연행록 외에 한글 연행록도 쓴 것이다.『을병연행록』은 홍대용이 연로하신 어머니를 위해 한글로 썼다고 한다. 18세기 이후에는 연행록이 인기를 끌면서『을병연행록』외에도『무오연행록』,『연행가』등 여성이나 서민 독자층을 겨냥한 한글 연행록이 쓰이기 시작했다.

『연행가』는 1866년(고종 3) 왕비 책봉을 알리기 위해 청나라로 파견된 홍순학洪淳學이 130일간의 연행 여정을 한글로 쓴 가사체의 연행록이다. 당시의 국제관계를 날카롭게 관찰한 연행록으로 노정 내용이 자세하고 풍부하여 조선 후기의 대표적인 양반 가사 작품으로 평가받는다. 이 외에도 19세기 중반 김직연金直淵의『연행녹』도 한글 연행록이다. 1858년(철종 9) 10월 26일에 출발하여 12월 25일 북경에 도착하기까지의 과정과 1859년(철종 10) 3월 20일에 귀국할 때까지의 과정이 상세하게 정리되어 있다. 허목許穆의『죽천행록』, 홍대용의『을병연행록』, 이계호의『연행록』, 서유문의『무오연행록』에 이은 다섯 번째 한글 연행록으로 현존하는 마지막 사행 기록이다.

조선의 3대 연행록

조선시대의 유명한 연행록은 모두 산문 형태의 글이다. 연행록은 한

154

시 형태에서 점차 연행의 경험을 산문으로 기록하는 형태로 변화했는데, 산문이 시에 비해 경험한 세계에 대한 구체적인 서술과 현실에 대한 비판의식을 표현하는 데 편리하기 때문이었다.

조선시대에 쓰인 수많은 연행록 중에서 김창업의 『노가재연행록老稼齋燕行錄』(1712), 홍대용의 『담헌연기湛軒燕記』(1766), 박지원의 『열하일기熱河日記』(1780)가 가장 유명했다. 이들 연행록은 연행을 앞둔 사람이라면 미리 읽고 떠날 정도로 필독서였고 문학적으로도 훌륭했다. 특히 김창업은 척화파 김상헌의 후손임에도 불구하고 청나라의 번영을 놀라우리만큼 편견 없는 태도로 기술했다. 그가 쓴 『노가재연행록』은 『열하일기』뿐 아니라 홍대용이나 이덕무의 연행록에서 자주 언급될 정도로 후대의 연행록에도 지속적인 영향을 미쳤다.

> 『노가재연행록』은 편년체에 가까운데 평순하고 착실하여 조리가 분명하며, 홍담헌은 기사체를 따랐는데 전아하고 치밀하며, 박연암은 전기체와 같은데 문장이 아름답고 화려하며, 내용이 풍부하고 해박하다. (김경선, 『연원직지』)

『노가재연행록』를 비롯하여 『담헌연기』, 『열하일기』가 후대인들에게 꾸준히 읽힌 것은 이들 연행록이 이전과는 확연하게 달랐기 때문이다. 뻔하고 재미없는 연행록이 아니라 재밌고 감동을 주는 연행록으로 바뀐 것이다. 지금도 그렇지만, 견문록은 여정을 날짜순으로 기록한 일기 형식이 많은데 김창업의 『노가재연행록』을 비롯한 대다수의 연행록은 시간 순으로 여정을 기록했다. 그런데 여정 순으로 연행일기를 쓰면 여행의 전 과정을 빠짐없이 기술하게 되는 장점이 있지만, 주제의식이 산만해지고 금방 지루해진다.

홍대용은 이전의 연행록과 달리 인물이나 사건 등을 중심으로 『담헌연기』를 기록했다. 누구나 들르는 장소나 관례적인 내용을 과감하게 생략한 것이다. 물론 중국을 다니면서 그때그때마다 여정을 깨알같이 메모했을 터이지만, 연행록을 정리할 때는 중국 견문에서 가장 중요한 경험을 집중적으로 기술했다.

여행의 여정 순과 주제 순의 장점을 취해 적절하게 섞어놓은 것이 박지원의 『열하일기』다. 『열하일기』는 여정 순의 일기 형식에다가 특별한 내용을 '기記' 또는 '설說'의 형식으로 확대하여 무미건조한 연행록을 문학작품으로 끌어올렸다는 평가를 받는다. 『열하일기』는 시간 순으로 기술하는 기존의 평면적 서술에서 벗어나 극적인 장면을 중심으로 생동감 있게 인물을 묘사하여 가장 많이 읽혔다.

실학자들의 연행록

실학자들이 중국 연행에 참여하는 데 가장 큰 영향을 미친 인물이 홍대용이다. 홍대용은 연행록인 『담헌연기』와 『건정동필담』(일명 회우록)에 북경 유리창에서 만난 중국 문인들과의 교제를 소상히 적었는데, 이는 박지원과 북학파 실학자들이 잇달아 연행에 나서는 데 직접적인 자극을 주었다.

실학자들이 남긴 연행록에는 주로 중국 사대부들과 나눈 필담을 통해 중국의 사상적·학문적 동향을 탐지하고 그들과 국경을 초월한 우정을 나눈 내용이 많았다. 18세기 한중 문화 교류의 선두에 실학자들이 있었고, 그 결과물이 곧 연행록이었다.

홍대용과 박지원에 이어 이덕무도 1778년(정조 2)에 서장관 심염조의 수행원으로 연행길에 올랐는데, 이때 박제가도 사신단의 대표였던 채제공의 추천을 받아 동행했다. 중국을 다녀온 이덕무와 박제가 역시 각각 『입연기入燕記』와 『북학의』를 써서 중국 견문을 전했다. 이덕무는 『입연기』에서 청나라의 신간 서적과 고증학풍을 소개하고 반정균, 이조원 등의 중국 사대부와 나눈 학문적 교류를 자세하게 서술했다.

『입연기』는 청나라로 떠나기 전날 박지원, 이서구와 함께 새벽까지 나눈 이야기로 시작하여, 북경 도착부터 연행 내용을 잘 정리한 연행록이다. 박제가의 『북학의』는 연행록 형태의 글은 아니나 중국을 다녀온 뒤 쓴 것으로, '학중국', 즉 중국을 배우자는 논리와 방법론을 제시한 개혁안이다.

1790년(정조 14) 서호수徐浩修, 박제가와 함께 중국을 다녀온 유득공柳得恭은 『난양록灤陽錄』(『열하기행시주』라고도 한다)을 썼는데, 『열하일기』와 마찬가지로 북경뿐 아니라 열하까지 다녀온 여행 기록이다. 이때의 연행은 건륭황제의 80세 만수절을 축하하기 위한 것이었는데, 사은부사가 서호수였다. 서호수는 1776년(영조 52) 처음 청나라에 연행사로 갔었는데, 이때는 실학자 유금과 동행했다.

1790년 열하 연행은 박지원이 갔던 1780년 연행과 달리 북경을 거치지 않고 황제가 있는 열하로 곧장 간 것이 특징이다. 이 때문에 서호수의 사행길은 다른 사람이 가지 않은 유일한 사행로였다. 서호수는 열하를 다녀온 뒤『열하기유』를 남겼다.

압록강

박작성(압록강 연안의 성) 남쪽 푸른 물결이 불었는데	泊汋城南漲綠波
경쾌한 배, 빠른 말, 이별 노래 기다리네.	快船輕騎待離歌
갑작스러운 편지가 빠른 파발에 보내오니	忽忽書付流星撥
연경으로 가지 말고 열하로 향하라 하네.	不向燕京向熱河

(유득공의『열하기행시주』중에서)

1790년(정조 14) 박제가와 함께 열하에 갔던 유득공은 1801년(순조 1년)에도 박제가와 함께 재차 중국에 다녀왔다. 이때의 견문을 정리한 것이『연대재유록燕臺再游錄』이다. 여기서 유득공은『사고전서』의 편찬자이기도 한 기윤 등과의 만남을 통해 당시의 중국 학계가 고증학 일변도로 되어가고 있음을 소개했다.

158

연행도와 해로 사행도

청나라 연행과 관련한 기록으로는 연행록 외에도 연행도가 있었다. 연행도는 병자호란 이후 청나라에 파견한 조선 사행을 묘사한 기록화를 말한다. 연행도는 출발부터 사행의 최종 목적지인 북경까지 주요 사행 경로와 북경 일대의 태학과 공묘 등의 명승 유적지를 답사하며 그린 것이 대부분이다. 연행도는 사행 노정의 주요 경관뿐만 아니라 이제묘, 강녀묘, 국자감 등의 유교 이념과 결부된 명소, 아울러 명나라의 옛 사적 등을 그리는 등 명에 대한 회고와 중국의 명승을 유람한다는 의식이 곳곳에 배어 있는 게 특징이다.

연행도는 사적인 그림이 아니라 조선과 중국 양국의 공식적 외교활동의 결과로 그려진 기록화다. 대개 조천도, 연행도와 같이 양국 사신이 왕래하는 과정에서 노정의 견문과 외교의식 절차를 그렸다. 이 외에도 중국 사신을 영접하던 관반사들의 계회도와 조선 사신의 모습을 그린 초상화 및 전별도餞別圖와 같은 인물화도 있다. 반대로 조선에 파견된 명나라 사신을 영접하는 기록화도 있는데, 영조도迎詔圖, 관반계회도, 영접도감 의궤의 반차도 등이 전한다. 청 사신을 영접하는 기록화로는 조선에 네 차례 파견된 아극돈阿克敦이 청나라 화가 정여에게 그리게 한 〈봉사도〉가 유일하다.

해로사행과 관련해서는 17세기 초 명·청 교체기에 그려진 〈항해조천도〉가 있다. 후금이 요동을 차지하자 조선은 할 수 없이 바닷길을 통해

〈항해조천도〉(명나라로 가는 바닷길). 국립중앙박물관 소장.

명나라에 사신을 보냈다. 죽음을 무릅쓰고 감행한 바닷길 사행을 그린 해로사행도는 거친 바다를 항해하는 위험한 해로 노정을 과장되게 그려 명에 대한 의리명분을 강조하고자 했다.

보통 사행도는 그 길을 회상하고, 이후 사신들의 여정에 참고가 되기 위해 그려지는 것이 일반적인데, 그러한 점에서 바닷길 정보를 제공하는 해로사행도는 매우 특별하다. 현재 전해지는 해로사행도는 1624년 반정을 일으킨 인조의 책봉을 위해 명나라로 떠난 사행단을 그린 것이 대부분이다. 이 사행의 정사는 이덕형이었고, 서장관은 홍익한이었다. 위험한 바닷길을 뚫고 무사히 귀국한 삼사는 생사고락을 같이 한 우의를 기념하기 위해 그림 세 점을 제작하여 나눠 가졌는데, 현재 두 점은 전해지지 않는다. 해로사행도는 명나라 사행을 더 이상 할 수 없는 18세기와 19세기에도 여전히 모사되었다.

동아시아의 연행록 전통

연행록은 동아시아 조공외교의 산물로, 조선에만 있던 것은 아니었다. 안남(베트남)의 연행록, 유구(오키나와)의 연행록도 있다. 2009년 중국에서 발간된 『월남한문연행문헌집성越南漢文燕行文獻集成』에는 53인이 쓴 79종의 연행록이 영인되어 실려 있다. 안남은 조선 다음으로 중국에 사신을 많이 파견한 나라였다.

반면 중국의 외교사절단으로 조선, 안남, 유구 등에 파견된 책봉사의 기록도 있다. 송대에 서긍의 『선화봉사고려도경』, 명대 동월이 남긴 『조선부』가 대표적이다. 중국이 유구국에 사신을 파견한 것이 명대에는 17회, 청대에는 8회에 불과했지만, 유구국을 다녀온 중국 사신들은 대부분 기록을 남겼다. 대표적인 것이 『사유구록使琉球錄』인데, 이와 유사한 기록이 다수 확인되고 있다.

그 외 자료들은 『국가도서관유구자료』(북경도서관출판사)를 통해 확인할 수 있다. 북경 고궁박물관에 〈유구책봉도〉라는 그림도 전한다.

연행록은 중국과 주변국들 간의 조공체제의 산물이자 동아시아 국제 교류의 소산으로 특별한 문헌적 가치를 지닌다. 우리의 기록문화유

산이지만, 동아시아 차원에서 공유하고 연구해야 할 자산이기도 하다. 17~19세기 동아시아의 정치·경제·문화·지리 등 각종 정보가 담겨 있는 연행록이 많은 사람들의 관심을 받을 것이라고 기대해본다.

글·정성희

4장

실학과
여성

'다른' 생각을 가진 유학자와 여성의 등장

　새로운 학문 경향으로서의 실학은 조선 후기 지식 풍토에 새로운 바람을 일으켰다. 하지만 유감스럽게도 실학자들은 여성이 처한 현실에 대해서는 큰 관심을 두지 않았다. 여전히 여성의 정조를 중시하고 보수적인 입장을 견지했다. 기본적으로 실학자도 유학자라는 태생적인 한계라 힐 수 있다. 이런 가운데 실학자들 사이에서도 작은 변화가 서서히 일기 시작했다. 남편을 따라 죽는 여성에 대해 다른 견해를 피력하는 지식인들이 등장했으며, 여성들도 '다른' 생각과 선택을 하기 시작했다.

조선 사회에서 여성으로 산다는 것은

조선 개국 후 개혁가들은 고려 사회와 다른 새로운 풍속을 만들기 위해 부심했다. 신유학을 신봉한 개혁가들은 풍속이야말로 건강한 사회를 만드는 원천이라고 여겼다. 그래서 삼강(충, 효, 열)의 확립에 눈을 돌렸다. 이 과정에서 여성에 대한 규범도 강화했다. 우주론적으로 하늘에 해당하는 남자가 땅이라 할 수 있는 여자 위에 군림하며, 이 보편성을 인간 사회에 적용하기 위해서는 낮은 존재인 여성의 욕망을 억제해야 한다고 보았다.

무엇보다도 여성의 욕망 가운데 성性은 철저한 경계의 대상이었다. 중국 고대부터 음란한 여성들이 나라를 망하게 했다는 논리가 공공연히 설득력을 얻고 있었다. 조선 왕조도 이러한 논리를 바탕으로 정貞(정조 또는 정절)을 여성의 타고난 본성이라고 강조했다.

이를 위해 여성들이 힘써야 할 행동거지를 책자로 만들어 보급했다. 대표적으로 세종은 1434년에 조선과 중국의 충신, 효자, 열녀 330명의 사례를 모아 『삼강행실도』를 펴냈다. 오늘날의 헌법에 해당하는 위상을 가진 『경국대전』(1485년 시행)에는 『삼강행실도』를 한글로 번역하여 여성들에게 가르치라는 권장 조항이 들어 있다.

이와 함께 국가에서는 열녀를 발굴하여 기리기 위해 각종 혜택을 주었다. '정려'라 하여 열녀의 집이나 그 마을 앞에 붉은 문을 세워 영예를 드높여주었다. 또 열녀의 집이나 후손에게 쌀이나 옷감 등의 각종 물품으로 포상하거나 무거운 세금을 면제해주었다. 노비이면 그 신분에서 벗어나게 해주는 파격적인 조치도 시행했다.

국가의 조치는 여기서 끝나지 않았다. 성종은 양반 여성이 재가하면 그 아들과 손자에게까지 불이익을 주는 법을 제정했다. 즉 재혼한 여성의 아들과 손자는 문과·무과, 생원진사시 같은 과거시험에 응시할 수 없었고, 관직에도 임용되지 못하도록 해서 벼슬길을 막았다. 이제 여성들은 재혼하고 싶어도 타의에 의해 재혼하지 못하고 수절해야 하는 상황에 직면했다.

열녀, 가장 추앙받는 여성상

그렇다면 실학자들은 여성이 처한 현실을 어떻게 바라보았을까? 이수광李睟光(1563~1628)은 서울 낙산 아래에 살면서 『지봉유설』(1634)을 지었다. 이 책은 총 182개 항목 3435개 조목으로 구성되었으며 조목별로 내용의 출처를 달았다. 이 때문에 실학의 학풍을 개척했다는 평가를 받고 있다.

이수광은 이 책에서 조선 사람이 중국 왕조의 사람보다 뛰어난 점 네 가지를 소개했는데, 그중 하나가 부인의 절개였다. 그는 「열녀」라는 글에서 임진왜란 때 피난길에 나섰다가 물에 빠져 자결한 여성을 소개했다. 이 부인은 뱃사공이 손을 끌어당겨 배에 태우자 손이 더럽혀졌다고 비관

해서 죽었다. 이수광은 이 일을 장하다고 칭찬하면서, 전쟁이 오래 지속 되는 동안 여성들이 왜적과 명 군사들에게 치욕을 당하는 바람에 정절을 잘 지켜온 풍속이 예전만 못하게 되었다고 탄식했다.

성호 이익은 실학의 아버지로 꼽히는 인물이다. '성호학파'를 형성할 만큼 후대 학자들에게 큰 영향을 미쳤다. 천주교를 학문적으로 연구하고 각종 사회개혁안을 제시한 이익은 "여자는 안에 위치해야 올바르고, 남자는 밖에 위치해야 올바르다"라고 했다. 또 "부인은 아침저녁으로 춥고 더움에 따라 가족을 공양하고 제사와 손님을 받들어야 하니, 어느 겨를에 책을 읽겠는가?" 하면서 여성의 책 읽기를 경계했다.

이익은 이수광과 마찬가지로 조선의 아름다운 풍속으로 신분이 미천한 여자도 절개를 지켜 재가하지 않는 행동을 소개했다. 또 권씨라는 여성이 혼례를 올리기도 전에 신랑이 죽자 그 신랑을 따라 굶어죽은 일에 감동하여 국가에 정려를 청하는 글을 올렸다. 이익은 이 글에서 권씨의 결심과 행위가 어질다고 칭찬했다.

순암 안정복도 열녀의 길을 강조한 학자였다. 안정복은 이익의 수제자로 경학과 역사학에 주력했다. 안정복은 여성의 절개나 지조에도 등급이 있다고 하면서 위급한 상황을 당해 목숨을 버림으로써 정조를 지키는 것은 당연한 일이라고 했다. 이와 달리 봉양해야 할 시부모가 계시고 보살펴야 할 지녀가 있는데도 남편을 나라 죽은 여성이야말로 가장 어려운 선택을 한 여성이라며 높게 평가했다.

변화의 움직임, 자결에 대한 비판

임진왜란과 병자호란이라는 두 차례의 전쟁이 휩쓸고 지나간 어느 시점부터 조선의 여성은 남편이 죽으면 재혼하지 않는 것이 당연한 의무처럼 되었다. 여기서 더 나아가 '열烈'(절개)이 보편화되면서 여성들은 남들과 다른 '열'을 보여주기 위해 남편을 따라 죽기까지 했다. 이런 가운데 변화의 싹이 움트기 시작했다. 남편을 잃은 여성도 살 권리가 있다고 보기 시작한 것이다.

『열하일기』의 저자 박지원은 「열녀 함양 박씨전」이라는 글을 지었다. 이 글에서 박지원은 왜 과부가 된 여성들이 기꺼이 남편을 따라 물에 빠져 죽거나, 불에 뛰어들어 죽거나, 아니면 독약을 먹고 죽거나, 목매달아 죽는지를 물었다. 친정 부모가 과부 마음을 헤아리지 못해 재가하라고 핍박하는 것도 아니요, 자손이 관직에 임용되지 못하는 수치를 당하는 것도 아닌데 왜 그런지 질문을 던진 것이다.

그러면서 그 이유로 신분을 막론하고 과부가 되면 수절하는 것이 이 세 온 나라의 풍속이 되었기 때문이라고 분석했다. 그 바람에 남편을 잃은 부인이 재가하지 않는 것만으로는 남다른 절개를 보일 길이 없게 되자 목숨까지 버리게 되었다고 보았다. 그러면서 "열녀는 열녀지만 어찌 지나치지 않은가?" 하면서 안타까워했다.

박지원의 생각은 여기서 멈추지 않았다. 과부로서 여성이 가질 수 있는 욕망을 긍정하면서 어느 이름난 벼슬아치 형제의 어머니를 소개했다.

형제가 집에 돌아와 다른 사람의 벼슬길을 막기 위해 의논하자 어머니가 그 근거가 뭐냐고 물었다. 아들들이 그 사람의 윗대에 과부가 있어서 사람들의 논의가 시끄럽기 때문이라고 대답했다. 그러자 그 어머니는 글씨가 닳아 없어진 엽전을 보여주면서 그 엽전을 굴리며 외롭고 쓸쓸한 기나긴 밤을 참아낸 자신의 이야기를 들려주었다.

이어서 박지원은 본인이 안의현감으로 재직할 당시 박씨라는 어느 여성이 함양으로 시집갔는데 일찍 남편을 잃고 삼년상을 치른 뒤에 약을 먹고 자결한 전말을 소개했다. 박지원은 박씨를 열녀라고 칭찬하면서도 그 여성이 죽음을 선택할 수밖에 없던 마음을 이렇게 헤아렸다.

생각하면 박씨의 마음이 어찌 이렇지 않았으랴! 젊은 과부가 오래 세상에 남아 있으면 오래토록 친척들이 불쌍히 여기는 신세가 되고, 마을 사람들이 함부로 추측하는 대상이 될 터이니, 속히 이 몸이 없어지는 것만 못하다고.

다산 정약용은 정치적 실권을 잃은 남인에 속했으며 학문적으로는 이익의 학맥을 잇는 성호학파에 속했다. 정약용은 「열부론」에서 남편을 따라 죽는 것은 그저 자기 자신을 죽이는 것에 불과하다고 생각했다. 그러므로 늙은 시부모와 이런 자녀를 위해 "마땅히 그 슬픔을 견디며 그 삶에 힘써야 한다"라고 역설했다. 또 귀중한 목숨을 의로운 상황이 아닌데도 버리는 것은 쓸모없는 죽음이라고 주장했다.

19세기 말 20세기 초에는 이런 생각이 더 널리 퍼지게 되었다. 의병장 기우만奇宇萬은 「효열부 신씨 정려기」, 「송씨 효열 정려기」 등에서 부인이 남편을 따라 죽으려는 마음을 접고 남편 대신에 시부모와 자식들을 봉양한 것은 도리에 맞는 행동이라고 평가했다.

조선의 마지막 거유로 불린 김택영金澤榮도 「절부에 관한 설」에서 죽은 남편을 뒤따라가는 것은 한순간의 고통이지만 죽지 않는 것은 삶을 마칠 때까지의 고통이라면서 의리상 죽지 않은 여성이야말로 절부라고 칭송했다. 그러면서 송씨라는 여성이 시부모를 섬기기 위해 죽으려던 마음을 접고 효성으로 모신 사례를 소개했다.

정약용이 「열부론」에서 지적했듯이 남편의 죽음은 부인뿐만 아니라 시부모에서부터 자녀까지 온 가족의 불행이었다. 이 불행 속에서 며느리이자 어머니인 여성마저 죽는다면 시부모나 자녀는 더 큰 불행에 빠지게 된다. 가정을 지키는 최후의 보루로서 여성의 존재가 부각되던 시대, 이것이 며느리이자 어머니로서의 여성이 살아남아야 하는 또 다른 이유였다.

변화의 길목에 선 여성들

임진왜란 이후 조선 사회는 재가하지 않고 수절하는 것만으로는 '열'을 보여줄 수 없는 시대가 되었다. 그렇다고 하여 모든 여성들이 그 길로

간 것은 아니었다. 사회적으로 열녀의 길을 옹호할 때 또는 죽음으로써
열을 실천하는 행위가 지나치다는 비판이 나올 때 여성들이 먼저 변화하
고 있었다.

1802년(순조 2) 경상도 안동에서 수령을 지낸 사람의 며느리가 홀연히
사라졌다. 안동으로 시집온 이 여성은 일찍 청상과부가 되어 자식도 없
는 상태였다. 당시 지역 사회에서는 호랑이에 물려갔다는 소문이 파다했
다. 하지만 곧 그 여성이 가출했다는 사실이 밝혀졌다(『노상추일기』). 당시
지역 사회에 큰 충격을 안긴 이 양반집 여성은 수절도 거부하고 남편을
따라 죽지도 않은 채 다른 삶을 살기 위해 집을 나와 버린 것이었다.

18세기 말 서울에 사는 양반집 여성 풍양 조씨(1772~1815)는 혼인한
지 6년 만에 스무 살의 동갑내기 남편을 잃었다. 풍양 조씨는 남편이 병
을 앓다가 죽자 따라 죽으려고 했지만 친정아버지와 시어머니의 설득으
로 살아남기로 결심했다. 그리고 20여 년이 지난 후 어린 시절부터 남편
이 병을 앓다가 죽을 때까지의 과정을 『 즈긔록』(자기록)으로 남겼다.

열녀가 되지 못한 여성의 이 자기 고백서는 남편의 죽음 앞에서 열녀
가 되지 못한 불편한 마음을 숨기지 않는다. 풍양 조씨는 남편을 따라 죽
지 않았다는 죄책감에 마음이 무거웠지만, 시부모를 봉양하고 집안을 보
존하기 위해 양자를 세워 제사를 맡기고 팔자 사나운 여생이나마 살아가
기로 마음먹었다.

내 생목숨을 끊어 여러 곳에 불효를 하는 것과 참담한 정경을 생각하

니 차마 죽을 수가 없었다. 모진 목숨을 기꺼이 받아들일지언정 다시 양쪽 부모님에게 참혹한 슬픔을 더하랴 하여 금석같이 굳게 정한 마음을 문득 고쳐 스스로 살기를 정했다. (『자기록』)

이처럼 사회가 강요하는 과부로서의 삶을 따르지 않고 자신의 삶을 과감히 선택한 여성들이 있었다. 또 죽고자 하나 죽지 않는 것이 가족의 슬픔을 덜어주고 효를 실천하는 일이라 여겨 살아남은 여성도 많았다.

이 사례들은 정절을 강조하는 사회 분위기에 틈새를 내는 '사소'한 징후라 할 수 있다. 이 단초들이 사회 변화의 조짐인지, 아니면 찻잔 속의 태풍에 불과한지는 오늘날 우리가 판단할 몫이다. 필자의 입장은 전자다.

글·정해은

～ 참고문헌 ～

• 강명관, 「순암 안정복의 여성관」, 『한국실학연구』 8, 한국실학학회, 2004.
• 이숙인, 『정절의 역사』, 푸른역사, 2014.
• 조성을, 「조선시대 사상에 나타난 여성관: 실학의 여성관 — 이익, 정약용을 중심으로」, 『한국사상사학』 20, 2003.
• 풍양 조씨 지음, 김경미 역주, 『자기록: 여자, 글로 말하다』, 나의시간, 2014.

• 여성 실학자 이빙허각과 『규합총서』 •

한글로 쓴 최초의 백과사전

1809년(순조 9) 조선 사회에서는 여성이 쓴 저서 한 권이 탄생했다. 이빙허각李憑虛閣(1759~1824)이 쓴 『규합총서閨閣叢書』라는 살림 전문서였다. 여성으로서 살림 전문서를 낸 것이 당연한 듯 보이지만 당대 사회에 조금만 관심을 갖고 들여다보면 척박한 환경에서 일궈낸 놀라운 성과라는 것을 알 수 있다. 그리고 19세기를 갓 넘긴 시점에 여성이 쓴 전문서가 탄생한 숨은 비밀은 바로 실학이었다. 그러므로 『규합총서』는 개인의 저술이자 19세기 초 조선 사회의 산물이라 할 수 있다.

생활경제는 실학의 탐구 대상

돈이 있으면 위태로운 것을 편안하게 할 수 있고 죽을 사람도 살리는
반면, 돈이 없으면 귀한 사람도 천하게 되고 산 사람도 죽게 한다. 그
러므로 분쟁도 돈이 없으면 이기지 못하고 원한도 돈이 아니면 풀지
못한다. 그래서 세상에서는 돈만 있으면 귀신도 부린다고 하는데 하
물며 사람이랴.

돈의 위력에 대해 피력한 이 글은 『규합총서』에 나오는 대목이다. 돈
이나 경제에 대해 무심한 것을 미덕으로 여긴 조선 사회에서 귀신도 부
린다는 직설적인 표현이 파격적이거니와 이 글을 쓴 저자가 여성이라는
사실도 의외다.

'규합'은 여성이 머무는 거처 또는 여성을 의미하므로 『규합총서』를
풀이하면 '가정학총서'가 된다. 『규합총서』는 총서라는 제목에 걸맞게
다섯 편으로 구성되었다. ① 주사의酒食議: 술·음식 만들기 등, ② 봉임칙
縫紝則: 옷 만들기, 물들이기, 길쌈하기, 수놓기, 누에치기 등, ③ 산가락山
家樂: 밭일, 꽃 심기, 가축 기르기 등, ④ 청낭결靑囊訣: 태교, 육아법, 응급
처치법 등, ⑤ 술수략術數略: 좋은 방향 선택, 길흉, 부적, 귀신 쫓는 법, 재
난방지법 등의 다양한 주제를 담았다.

빙허각이 이 책에서 다룬 주제는 모두 일상생활에 요긴한 지식이다.
그런데 당시 의식주에 관한 탐구는 여성이기에 갖는 관심이 아니었다.

성리학에서 출발하여 실용 학문으로 외연을 넓혀가던 실학자들이 주의 깊게 연구한 대상 중 하나였다.

그래서 이 주제들은『지봉유설』(1614),『산림경제』(1715년경),『임원경제지』(1827년경),『오주연문장전산고』(1856년경) 등에도 들어 있다. 다양한 지식을 추구하던 실학자들에게 의식주는 새로운 탐구 대상이자 민생에 보탬이 되는 분야였기 때문이다.

빙허각이 저술한 책은『규합총서』이외에도 더 있었다. 1939년 1월 30일자『조선일보』와『동아일보』는 황해도 장연군 진서의 후손 집에서『규합총서』(5책) 이외에『청규박물지』(4책)와『빙허각고략』(2책)이 발견되었다고 보도했다. 이 책들은 발굴한 연구팀에 의해 출간될 예정이었으나 한국전쟁 중에 분실되었다. 다행히 2004년에 일본 도쿄대학교에서 1939년 판본과 다른『청규박물지』가 발굴되었다. 서문에 "내 이미『규합총서』5편을 이루매『산해경』등을 읽고 다시『청규박물지』를 지으니…"라고 쓰여 있다.『청규박물지』는『규합총서』를 쓴 이후에 저술한 책임을 알 수 있다.『빙허각고략』은 여전히 행방을 알 길이 없다.

총명하고 불같은 성격

이빙허각은 서울에서 태어났으며 본관은 전주다. 아버지는 이창수, 어머니는 류담의 딸이다. 빙허각 집안은 세종의 열일곱 번째 아들인 영해군의 후손이었다. 아버지 이창수는 이조 판서를 비롯하여 예문관 제학, 홍문관 제학 등을 거친 고위 관료 출신이었다. 그는 첫째 부인이 자식 없이 일찍 세상을 뜨자 류담의 딸과 재혼했다. 빙허각은 그 사이에서 태어난 막내딸이다.

빙허각의 집안은 당색을 가리자면 소론이었다. 증조부 이언강은 학자로 명성이 높았으며 예조 판서, 형조 판서 등을 두루 지냈다. 숙부 이창의도 우의정까지 올랐다. 빙허각은 위로 오빠 이병정이 있었다. 그 역시 당대 이름이 높던 조재호의 사위로 이조 판서와 홍문관 제학 등을 지냈다. 이처럼 빙허각의 집안은 아버지 이창수, 숙부 이창의, 오빠 이병정에 이르기까지 고위 벼슬을 지낸 명문가였다.

빙허각의 가족관계에서 한 가지 흥미로운 사실은 『태교신기』를 지은 이사주당李師朱堂(1739~1821)이 외숙모라는 사실이다. 지금은 전하지 않지만 빙허각은 「태교신기발문」을 썼으며 『규합총서』에도 태교에 관한 내용이 있어 빙허각이 외숙모 이사주당의 영향을 받았음을 알 수 있다. 여성들 사이에 학술 교류가 이루어졌음을 짐작할 수 있는 대목이다.

빙허각은 성격이 불같고 강해서 남에게 지는 것을 싫어했다. 어릴 때부터 총명하여 아버지가 무릎에 앉혀놓고 『시경』이나 『소학』을 읽어주면 그 뜻을 바로 깨쳤다. 커서도 기억력이 뛰어나고 공부하기를 좋아해서 여러 서적을 섭렵했다. 시나 여러 종류의 글을 잘 지어 주위 사람들로부터 여사女士라는 별명을 얻었다.

집안일 하는 틈틈이 글을 읽고

빙허각은 열다섯 살에 세 살 아래의 서유본徐有本과 혼인했다. 양가가 오랜 친분이 있는 데다가 정치 성향도 소론이어서 자연스레 혼인을 맺게 되었다.

서유본은 본관이 달성이며, 선조의 부마 서경주의 후손이었다. 아버지는 서호수이며, 동생은 『임원경제지』를 쓴 서유구다. 서유본의 할아버지 서명응은 영조의 탕평책에 적극적으로 협조하면서 노론과 밀접한 관계를 유지했다. 서명응의 동생 서명선은 홍인한과 홍국영을 몰아내는 데 공헌하여 영의정까지 올랐다.

서유본의 집안은 이용후생의 학문에 큰 관심을 가졌으며 박지원, 박제가, 이덕무 등과 교유했다. 학풍은 금석, 물, 불, 별, 달, 해, 초목, 짐승 같은 객관적 사물을 탐구하는 명물학에 뛰어났다. 그 일환으로 농학에서 눈에 띄는 연구 성과를 내놓았다. 서유본의 할아버지 서명응이 지은 『보만재총서』에는 농업 경제서인 『고사신서』(1771)가 들어 있다. 서호수도 농학 연구서인 『해동농서』(1799)를 저술했다. 서유본의 동생 서유구도 『임원경제지』라는 방대한 농학 연구서를 내놓았다. 이런 사실로 미루어 볼 때 서유본의 학문도 집안 학풍과 유사했으리라 짐작할 수 있다.

빙허각 역시 혼인 후 시가의 학풍에 영향을 받았다. 『규합총서』의 참고문헌에 시아버지의 저서 『해동농서』가 들어 있는 점이 이런 사실을 알려준다. 서호수는 중국 대륙에서도 좀처럼 찾아볼 수 없는 희귀 서책을 소유했으며 남편 서유본도 마찬가지였다. 『오주연문장전산고』의 저자 이규경은 서울 마포에 살 때 귀한 서책인 『명본석明本釋』을 서유본에게 빌려 읽었다고 한다. 이런 환경에서 빙허각은 『규합총서』를 지었고 이 책을 더 확장하여 『청규박물지』라는 박물지를 저술했다.

남편 서유본은 과거 급제나 관직과는 별로 인연이 없었다. 스물두 살에 생원시에 합격한 후 문과에 응시했으나 계속 낙방했다. 마흔세 살에 지낸 동몽교관이 유일한 벼슬이었다. 더구나 1806년(순조 6) 숙부 서형수가 옥사에 연루되어 유배길에 오르면서 집안이 일시에 몰락했다. 당시 홍문관 부제학으로 있던 동생 서유구도 향리에 유폐되었다. 이때 빙허각은 마흔일곱 살로 어려운 살림살이를 책임지게 되었다. 시동생 서유구는 형수 빙허각에 대해 "만년에 집안이 기울어 조상들의 전답을 거의 다 팔게 되자 부지런히 일하느라 고생하셨다"라고 회고했다.

빙허각은 남편의 집이 몰락하고 가산마저 기울자 거처를 오늘날의 마포 행정이라는 곳으로 옮겼다. 시동생 서유구도 옥사에 연루되어 1823년(순조 23)까지 벼슬에 나가지 못한 채 무려 여섯 번이나 주거지를 옮겨 다녔기에 형의 집에 도움을 줄 형편이 아니었다. 1809년(순조 9) 빙허각이 51세에 완성한 『규합총서』는 이러한 환경에서 나온 생활경제서였다.

서유본은 평소 외출을 별로 하지 않고 독서에 몰두했다. 그래서 자연스럽게 빙허각과 함께 지내는 시간이 많았고, 빙허각과 학문에 대해 토론하고 시를 주고받으면서 지우처럼 지냈다. 빙허각은 이 시절에 대해 『규합총서』 서문에서 "내가 삼호 행정에 집을 정하고 집안일 하는 틈틈이 남편이 있는 사랑으로 나가 옛글이 일상생활에 절실한 것과 산야에 묻힌 모든 글을 구해보고 오직 문견을 넓히고 적적함을 위로했다"라고 적었다.

서유본의 재야 생활은 본인에게는 불행이었지만 빙허각에게는 학문을 넓힐 수 있는 받침목이 되었다. '규합총서'라는 제목도 남편이 지어주었다. 빙허각은 슬하에 4남 7녀를 두었는데 8명은 일찍 죽고 아들 1명과 딸 2명만 살아남았다.

여성의 눈으로 관찰하고 분석해 쓰다

『규합총서』에는 조선 후기의 새로운 학풍이 고스란히 반영되어 있다. 빙허각이 이 책에서 인용한 저서만 80여 종에 달한다. "인용한 책의 이름을 각각 작은 글씨로 모든 조항 아래 나타내고 내 소견이 있으면 '신증'이라 썼다"라고 밝혔듯이 내용의 출처를 밝히는 연구 방법은 청에서 유행한 고증학의 영향이었다. '신증'이란 본인의 의견을 새롭게 보탰다는 의미다.

『규합총서』에서 인용한 서책에는 『산림경제』, 『지봉유설』, 『성호사설』, 『동의보감』, 『임하필기』, 『약천집』, 『동국여지승람』, 『해동농서』 등 우리나라 저서뿐만 아니라, 『능엄경』, 『예기』, 『맹자』, 『주역』, 『주례』, 『묵자요록』, 『서경』, 『여씨춘추』, 『한서』, 『사기』, 『한비자』, 『농정전서』, 『본초

강목』 등 역대 중국 왕조에서 간행된 서적들도 있었다.

『규합총서』에는 여성의 눈으로 관찰한 사회 현상이 올곧이 담겨 있다. 빙허각은 『동의보감』에 나오는 '임신 중에 여자아이를 남자아이로 바꾸는 방법'을 소개하고 나서 남아선호에 대해 비판했다. "어떻게 여자아이를 남자아이로 바꿀 수 있겠는가? 대개 아기가 될 때 좌우가 각각 나뉜다 하니 여태가 바뀌어 남태가 될 리 있겠으나, 의학서에 자상하게 기록했고 민간에서도 경험한 바 있다고 하여 쓰긴 쓰지만 (……) 이로 인해 죄인이 될까 두렵다"라고 하면서 그러한 세태를 비판했다.

빙허각은 서양 문물에도 관심을 가져 「기기목록」에서 외국의 생소한 물건들을 소개했다. 서양 그림의 원근감이나 온도계, 축음기, 선풍기, 돋보기, 천리경, 현미경, 사람의 힘을 들이지 않고 저절로 음악이 나오는 자동회(전축) 등의 새로운 문화에 대해 호기심을 가졌다. 그러면서도 조선 문화의 우수성을 놓치지 않았다. 조선과 청의 흉배胸背(관복의 가슴과 등에 붙인 장식품)를 비교하면서 수놓은 솜씨는 우리가 더 우수하다고 평했다. 고려청자의 자색은 천하제일이라 치켜세웠다.

또 전국에서 유통되는 물산에도 눈을 돌려 팔도에서 생산되는 다양한 물산을 기록했다. 빙허각이 밝힌 팔도 물산은 바로 조선 산업의 현주소였다. 예컨대 경기의 경우 광주의 사기 그릇, 안산의 게와 감, 교동의 화문석, 양주의 날밤, 남양의 굴, 연평도의 조기, 수원의 약과, 평택의 우황, 용인의 오이김치 등이 좋은 상품이었다. 팔도 물산은 전국의 산업과 생활에 필요한 것들을 기록한 것으로 '우리' 것에 대한 각성과도 연관되어 있다.

무엇보다도 여성으로서 빙허각의 문제의식을 알 수 있는 대목은 살림살이하는 여성의 눈으로 관찰하고 분석하여 '한글'로 기록했다는 점이다. "마침내 이로써 서문을 삼아 집안의 여자들에게 준다"라고 했듯이 남성들이 한자로 쓴 방대한 지식을 일상생활의 담당자인 여성들에게 알기 쉽게 전달하려는 의도였다. 그야말로 실용의 학문을 추구한 것이다. 『규합총서』가 빙허각이 살던 시대에 필사되고, 『간본 규합총서』(1869)나 『부인필지夫人必知』(1915) 등으로 간행되어 유포된 것은 당연한 결과라 할 수 있다.

새로운 여성관과 관습 사이에서

빙허각은 『규합총서』에서 "부인 가운데 어찌 인재 없으리오!"라면서 「열녀록」을 덧붙였다. 여성의 이름과 주요 행적을 사자성어 형식으로 적고 이를 다시 한글로 풀이하는 간략한 방식이다.

「열녀록」에는 어진 왕비(16명), 덕 있는 여성(11명), 예법에 맞는 행실을 한 여성(16명), 효녀(7명), 효부(9명), 열녀(28명), 충의(20명), 훌륭한 어머니(12명), 지식(18명), 의기(10명), 문장(16명), 재예(18명), 품계를 가진 여성(36명), 칼을 잘 쓴 여성(8명), 여자 신선(38명), 마녀(3명), 여자 부처(2명), 여승(3명), 글씨 잘 쓰는 부인(8명), 봉작을 받은 여성(7명), 정치를 한 여자(2명),

여장군(4명), 남자 임무를 대신한 여자(5명) 등 297명을 수록했다.

그중 논개, 사임당, 허난설헌, 옥봉 이씨, 황진이 등을 제외하면 모두 중국 왕조의 인물들이다. 그럼에도 효부나 열부 이외에 다양한 여성을 실은 점이 눈길을 끈다. 남자 못지않게 충의, 지식, 의기, 문장, 재예를 갖춘 여성이나 남자 소임을 대신한 여성들을 소개하고 있다. 심지어 여장군이나 칼을 잘 쓰는 여성까지 기록했다. 곧 정절을 위해 목숨을 던진 여성뿐만 아니라, 그동안 주목하지 않았던 '비주류' 여성에게도 눈을 돌려 이들의 삶을 인정하는 열린 태도를 보였다.

하지만 빙허각의 죽음을 보면 끝내 사회 분위기에서 자유롭지 못했음을 알 수 있다. 1822년(순조 22) 남편 서유본이 갑자기 앓아눕게 되었다. 그러자 빙허각은 음식을 끊은 채 남편 대신 아프게 해달라고 사당 앞에서 빌기도 하고 손가락을 잘라 남편에게 피를 먹이기도 했다. 남편이 죽자 「절명사」를 짓고 일상생활을 폐기한 채 누워 지내다가 1824년(순조 24) 2월 예순여섯의 나이로 세상을 떠났다. 평소 애틋한 부부애나 평생 지기로 지낸 두 사람의 관계를 떠올리면 빙허각의 행동에 공감이 가기도 한다. 그럼에도 빙허각의 죽음이 못내 아쉽다.

빙허각의 주변을 살펴보면 빙허각의 증조부 이언강의 부인 권씨는 남편이 죽자 슬퍼하다가 병을 얻어 죽어 정려를 받았다. 숙부 이창의의 아내 윤씨도 남편이 죽자 음식을 먹지 않고 스스로 목숨을 끊어 시할머니와 마찬가지로 정려를 받았다. 빙허각의 죽음도 이런 집안 분위기와 무관하지 않다. 이 점은 조선 사회에서 여성이자 아내로서 살았던 빙허각이 끝내 벗어던지지 못한 굴레일 것이다.

『규합총서』 다시 읽기

조선시대 여성은 가정생활의 담당자였다. 살림살이의 경험과 산지식을 바탕으로 여성은 남성들이 구축한 학문과 지식 세계에서 서성거리지 않고 살림·태교·임신 여성의 고유 영역을 지식화했다. 또 성리학을 여성 입장에서 수용하면서 여성도 성인聖人이 될 수 있다고 주장했다. 급기야 19세기가 끝나가는 1898년에 여성들은 스스로 여성 공교육을 주장하면서 고종 황제에게 상소까지 올렸다.

이런 변화의 소용돌이 속에 『규합총서』가 있었다. 빙허각은 여성의 시각에서 생활경제를 체계화하여 지식으로 끌어들였다. 무엇보다도 한문을 구사할 줄 알았지만 한글로 써서 그 지식을 여성들과 공유하고자 했다. 곧 규합총서는 한글로 쓴 최초의 지식백과서였던 것이다..

하지만 대부분의 저술이 한자로 되어 있어 정작 살림을 운영하는 여성은 쉽게 읽을 수 없었다. 이와 달리 『규합총서』는 여성의 입장에서 한글로 써서 일상생활에 유용한 지식을 알기 쉽게 여성들에게 전달해주었다. 『규합총서』는 한글로 쓴 최초의 지식백과서였던 것이다.

빙허각이 『규합총서』에서 구축한 지식은 빙허각 개인만의 지식이 아니었다. 당시 조선 사회에서 축적한 지식들이 다 녹아 있는 것이다. 거기에 더해 '한글'을 매개로 생활경제 지식을 사적 영역으로 남겨놓지 않고 여성 독자층을 겨냥하여 가정경제 또는 살림경제로 지식화했다. 그러므로 『규합총서』의 등장은 한국의 역사에서 일대 '사건'이라 할 수 있다.

글 · 정해은

∽ 참고문헌 ∽

• 김미란, 「조선 후기 여류문학의 실학적 특질 ― 특히 18세기를 중심으로」, 『동방학지』 84, 1994.
• 박옥주, 「빙허각 이씨의 『규합총서』에 대한 문헌학적 연구」, 『한국고전여성문학연구』 창간호, 2000.
• 서유구, 『금화지비집金華知非集』 권 7, 「백씨좌소산인묘지명伯氏左蘇山人墓誌銘」.
• 서유구, 『금화지비집金華知非集』 권 7, 「수씨단인이씨묘지명嫂氏端人李氏墓誌銘」.
• 이혜순, 『조선조 후기 여성 지성사』, 이화여자대학교 출판부, 2007.
• 정양완 옮김, 『규합총서』, 보진재, 1975.
• 정양완, 「조선조 여인의 실용적 슬기 ― 규합총서를 중심으로 한 소고」, 『민족문화』 1, 1975.
• 정해은, 「조선 후기 여성 실학자 빙허각 이씨」, 『여성과 사회』 8, 창작과비평사, 1997.

5장

실학과
문예

서양화, 조선을 깨우다

　세 살 무렵, 처음 타본 기차는 경이로움 그 자체였다. 기차도 신기했지만 여행 중 나를 정말 놀라게 했던 것은, 난생처음 청량음료를 마셨던 일이다. 목이 말라 무심코 한 모금 마셨다가 코를 찌르는 탄산가스에 얼마나 놀랐던지 그 충격은 50년이 지난 지금까지도 생생하다. 조선시대 문인들에게도 세 살 아이의 기차여행 같은 놀라운 체험이 있었다. 서양화와의 만남이 그것이다.

　영조·정조 연간(1724~1800)에 청나라에 다녀온 사신들의 기록이나 실학자들의 글에 따르면, 우리나라 지식인들이 서양 미술을 처음 대했을 때의 반응은 충격 이상이었다. 그들을 놀라게 했던 서양화는 원근법과 명암법을 바탕으로 한 사실적인 그림이었다. 살아 있는 듯 생생한 서양화의 표현법은 조선 후기 지식인들을 매료시키기에 충분했다.

서양화에 반한 실학자들

이 땅에 서양화가 처음 전해진 것은 언제일까? 최초로 서양 그림을 조선에 전한 사람은 소현세자(1612~1645)로 알려져 있다. 병자호란(1636) 직후 청나라에 연행되었던 소현세자가 8년 만에 귀국할 때, 서양인 신부 아담 샬에게서 천주교 교리책과 천주상 한 폭을 받아왔던 것이다.

이후 연경에 사신으로 다녀온 사람들이나 청의 기술문명을 도입하려는 실학자들에 의해, 서양화가 본격적으로 조선에 소개되기 시작했다. 서양화법을 접한 조선 후기 실학자들은 흥미로운 반응을 보였다.

서양 과학서를 읽고 선진 과학기술을 도입할 것을 주장했던 이익은 「화상요돌畵像坳突」이라는 글에서, 서양화를 접하고 느낀 감동을 다음과 같이 적었다.

> 요즘 연경에 사신으로 다녀온 사람들이 서양화를 사다가 대청에 걸어놓는다. 처음에 한 눈을 감고 다른 한 눈으로 오랫동안 주시하면 건물 지붕의 모퉁이와 담이 모두 실제 형태대로 튀어 나온다.
>
> (『성호사설』 제4권, 「만물문」)

이익이 본 '대청에 걸려 있는 서양화'는 원근법과 입체감이 잘 표현된 풍경화일 것으로 보인다. 원근법이란 사물이 뒤로 갈수록 작게 보이는 현상을 그린 투시화법으로, 3차원의 공간을 2차원의 화면에 담는 서양화의 공간 표현법을 말한다. 이러한 투시화법은 전통회화에서는 볼 수 없던 새로운 방식이다. 그 생생한 실재감으로 인해 이익에게는 서양화가 무척이나 신기하게 보였던 것 같다. 이어지는 글에서 그는 서양화를 좀 더 체계적으로 분석하기 위해 서양 과학서적인 『기하원본』을 들춰보고 거기서 해답을 얻고자 하는 등 실학자다운 태도를 보여준다.

이익처럼 중국에 다녀오지 않은 실학자의 서양화에 대한 인상이 이처럼 강렬했음을 생각하면, 연경의 천주당 벽화를 직접 본 사람들이 느낀 경이로움은 충격 이상이었을 것이다. 1778년(정조 2)에 연경에 다녀온 이덕무李德懋(1741~1793)는 다음과 같은 글을 남겼다.

> (천주당의) 북쪽 벽에는 쇠줄이 목에 매어 있는 큰 개의 그림이 있는데 언뜻 보니 물려고 덤비는 것 같아 무서웠다. 그 그림 밑에는 살아 있는 개 몇 마리가 그늘에 누웠는데 그림의 개와 살아 있는 개가 구분이 되지 않았다. (『청장관전서』, 「입연기」)

이덕무가 본 개 그림은 표현이 얼마나 사실적이었던지 보는 사람으로 하여금 두려움마저 느끼게 했던 모양이다. 천주당에서 본 개 그림이 살아 있는 개를 보는 듯했다는 이덕무의 글은 현재 국립중앙박물관에 소장

작자 미상, 〈맹견도〉. 국립중앙박물관 소장. 서양화의 명암법을 충실히 구사하여 개의 근육과 입체감을 잘 살렸다.

된 〈맹견도〉를 연상시킨다.

〈맹견도〉는 종이에 먹과 채색을 사용하여, 쇠줄에 묶인 채 기둥 옆에 엎드려 있는 맹견을 그린 그림이다. 언제 누가 그린 그림인지는 알 수 없지만, 서양화법을 충실히 보여준다는 점에서 주목된다. 정면을 응시하며 엎드린 개의 자세는 사진처럼 정확하게 묘사되었고, 햇빛에 반사된 털은 질감이 느껴질 정도로 세밀하게 표현되었다. 이 그림을 통해 볼 때, 이덕무가 연경에서 보았던 '살아 있는 듯한 개 그림'은 머지않은 시기에 조선의 동물화에도 영향을 주었던 것으로 보인다.

놀라워라! 서양화

서양화법과 관련하여 가장 주목되는 글은 박지원의 『열하일기』다. 그는 1780년 청나라 건륭제의 70세 생일을 축하하는 사신의 수행원으로 중국에 가게 되었다. 이때 성경, 연경, 열하 등지를 여행하여 『열하일기』를 남겼다. 그 가운데 「양화洋畵」라는 글에서 서양화를 처음으로 접했을 때의 놀라움을 다음과 같이 표현했다.

> 천주당 가운데 바람벽과 천장에 그려져 있는 구름과 인물들은 보통 생각으로는 헤아려낼 수 없었고, 또 보통의 언어, 문자로는 형용할 수도 없었다. 내 눈으로 이것을 보려고 하는데 번개처럼 번쩍이면서 먼저 내 눈을 뽑는 듯하는 그 무엇이 있었다. 나는 그들이 내 가슴속을 꿰뚫고 들여다보는 것이 싫었고, 또 내 귀로 무엇을 들으려고 하는데 굽어보고 쳐다보고 돌아보는 그들이 먼저 내 귀에 무엇을 속삭였다. (……) 또 사람 머리, 사람 몸뚱이에서 새 날개가 돋아난 자도 있었으며 백 가지가 기괴망측하여 무엇이 무엇인지 분간해낼 수도 없었다. (……) 천장을 우러러보니 수없는 어린아이들이 오색구름 속에서 뛰노는데, 허공에 주렁주렁 매달려 있는 것이 살결을 만지면 따뜻할 것만 같고 팔목이며 종아리는 살이 포동포동 쪘다. 갑자기 구경하는 사람들이 눈이 휘둥그레지도록 놀라 어찌할 바를 모르며 손을 벌리고서 떨어지면 받을 듯이 고개를 젖혔다.

박지원은 청나라의 선진학문을 적극적으로 수용하자고 했던 북학운동의 선구자답게 천주당 벽화에서 본 서양화에 대한 소감을 생생하게 묘사했다. '내 눈을 뽑는 듯하다'거나 '그들이 먼저 내 귀에 무엇을 속삭였다'는 구절에서 드러나듯이, 그림 속 인물들로부터 강렬한 인상을 받았음을 알 수 있다. 나아가 어린아이들의 묘사가 얼마나 사실적인지를 설명하기 위해 '살결을 만지면 따뜻할 것만 같다'는 등의 감각적인 언어를 사용했다.

박지원은 서양화에 대한 놀라움을 생동감 있게 표현하는 한편, 몸에 날개가 달린 천사들의 비현실적인 모습에서는 불쾌감을 느꼈다고 고백하기도 했다. 이처럼 그는 납득하기 어려운 서양 종교화의 인물 표현에서 한편으로 불쾌감을 느끼면서, 다른 한편으로는 신기하기도 한 혼란스러운 입장을 문학적으로 잘 표현해냈다.

서양화의 사실적 표현에 놀라움을 느꼈던 박지원과 달리, 정조대와 순조대에 활약했던 정약용은 회화 기법보다 과학적인 측면에 더 많은 관심을 보였다. 정약용은 「칠실관화설」에서 '카메라 옵스큐라camera obscura'의 원리를 적용하여 실험한 내용을 상세히 기록했다. '카메라 옵스큐라'란 물체를 실재와 똑같이 그릴 수 있게 해주는 광학기구로, 원리와 구조는 카메라와 비슷하다. 그는 이런 과학기구를 사용하여 그림을 그리는 체험을 하고서는 다음과 같이 적었다.

집이 산과 호수 사이에 위치하니 그곳에 모래톱과 산봉우리의 아름다움이 좌우에 비치고, 대와 나무는 숲을 이루고 꽃과 바위는 층을 이루고, 누각과 울타리는 비스듬히 이어졌다. 이에 맑고 좋은 날을 택하여 밖으로부터 빛이 들어올 수 있는 모든 창문과 문을 굳게 닫아 방 안을 칠흑처럼 어둡게 하고 (벽에) 구멍 하나만 남긴다. 안경알 하나를 취하여 그 구멍에 안정시킨 다음, 눈처럼 흰 종이판을 안경알과 몇 자 거리에 놓고 (그 종이에 비치는) 상을 받으면 모래톱과 산봉우리의 아름다움, 대와 나무숲, 꽃과 바위층, 누각과 담장의 이어짐이 모두 들어와 종이판 위에 떨어진다. (……) 만일 지금 누가 초상화를 그리되 머리털 하나의 차이도 원치 않는다면 이 방법을 제외하고는 더 좋은 것은 없으리라. (『정다산전집』상, 「시문집·설」 1집 10권, 문헌편찬위원회 편, 1960, 202쪽)

이 글에서 정약용은 벽의 구멍을 통과한 광선이 렌즈를 거쳐 투사되는 현상을 자세히 설명하고 있다. 이처럼 그는 광학기구를 이용하여 직접 그림을 그려볼 정도로 서양화법에 크게 매료되었다. 선진문물에 대한 이 같은 정약용의 관심은 19세기 화단에 서양의 과학지식이 반영되는 기반을 마련했다는 점에서 큰 의미가 있다.

'색'다른 조선 그림

18세기 이후 조선 후기 화단에 유입된 서양화는 여러 분야의 그림에 영향을 주었다. 그중에서도 산수화에 나타난 변화가 가장 주목할 만하다. 서양화법을 선두에서 받아들인 화가로는 김홍도의 스승으로도 유명한 강세황姜世晃(1713~1791)이 거론된다. 그는 식견과 안목이 뛰어난 사대부 화가로, 한국적 남종문인화풍을 정착시키는 데 기여한 인물이기도 하다. 남종문인화란 학문이 높은 선비들이 공부하는 여가에 취미로 그린 그림을 말한다. 대체로 여백이 많고 수묵을 위주로 하면서 연한 색을 곁들이기도 해서 담백한 것이 특징이다.

강세황은 45세 되던 해인 1757년(영조 33) 7월에 개성을 여행한 뒤 『송도기행첩』을 제작했다. 이 화첩 가운데 〈영통동구도〉와 〈개성시가도〉는 동양화와 서양화의 접목이라는 점에서 주목된다. 서양화의 투시원근법과 채색기법을 사용했기 때문이다. 〈영통동구도〉는 영통동 계곡의 명물인 거대한 바위에 초점을 맞추어, 가까운 바위는 크게 그리고 멀어지는 경물은 작게 그렸다. 산수화에 원근법을 적용한 것이다. 게다가 바위 표면에는 서양화의 채색법을 사용하여 독특한 분위기를 자아낸다. 초록과 청록이 어우러진 미묘한 바위의 색감은 흡사 서양의 수채화를 연상시킬 정도로 특이하다. 〈영통동구도〉에 이어, 개성 시내의 모습을 투시원근법으로 그린 〈개성시가도〉 또한 현대적 감각이 물씬 풍긴다. 이처럼 강세황은 새로운 회화 조류를 적극적으로 수용하여 자기 것으로 만듦으로

강세황, 〈영통동구도〉, 1757, 국립중앙박물관 소장. 바위의 입체감과 미묘한 색감이 돋보이는 이색적인 산수화다.

강세황, 〈개성시가도〉, 1757, 국립중앙박물관 소장. 개성시가의 모습을 일점투시 원근법으로 그렸다. 기존의 산수화에서는 볼 수 없는 독특한 구도다.

써 우리 미술사에 의미 있는 자취를 남겼다.

원근법과 함께 서양화의 중요한 특징으로 손꼽히는 것은 입체감이다. 서양화에서는 빛의 방향에 따라 생기는 명암의 대비로 사물의 양감을 표현한다. 이처럼 빛과 그림자를 통해 입체감을 나타내는 서양화와 달리, 동양화에서는 시시각각 변하는 빛에 주의를 기울이지 않았다. 동양화가 서양화에 비해 평면적으로 보이는 이유가 여기에 있다. 하지만 서양화법이 유입되면서 조선 화가들의 그림에도 입체적인 표현이 나타나기 시작했다.

명암법을 적용하여 입체감을 주는 그림으로는 작자 미상의 〈신임 초상〉이나 신광현申光絢의 〈초구도〉 등이 있다. 이 그림들은 이전 시대 작품과 달리, 빛의 방향이 일정하게 설정되었음을 볼 수 있다. 인물의 한쪽 뺨을 어둡게 채색함으로써 양감이 두드러지게 표현되고, 건물과 나무에 그림자 처리가 더해지면서 입체감이 나타난다. 앞에서 살펴본 〈맹견도〉 역시 빛에 따른 입체 묘사가 탁월하여 대상이 생동감 있게 표현된 예라고 할 수 있다.

여백에 대한 새로운 인식, '하늘색'

동양화의 특징 가운데 서양화와 가장 크게 구별되는 요소는 바로 '여백'이다. 여백이란 화면에서 그려진 부분을 제외한 나머지 빈 공간을 말

신광현, 〈초구도〉, 국립중앙박물관 소장. 사물에 비치는 빛의 방향이 일정하게 설정되어 입체감 표현이 두드러진다.

한다. 아무것도 그려져 있지 않지만, 그대로 하늘이 되기도 하고 안개나 공기가 되기도 하고, 때로는 물이 되기도 한다. 하지만 서양화에서는 빈 공간을 허용하지 않는다. 빈 공간의 존재는 곧 미완성작으로 인식되기 때문이다.

실학자 홍대용은 북경의 천주당에서 하늘을 색칠한 서양화를 보고 다음과 같은 글을 남겼다.

> 누각과 인물은 모두 채색을 했는데 누각은 중간이 비었으며 뾰족하고 움푹함이 서로 알맞았고 인물은 둥둥 떠서 움직이고 있었다. 더욱이 원근법에 조예가 있었는데 냇물과 골짜기의 나타나고 숨은 것이라든지 연기와 구름의 빛나고 흐린 것이라든지, 먼 하늘의 공계空界까지도 모두 정색正色을 사용하였다. 둘러보매 실경을 연상케 하여 실은 그림이란 것을 깨닫지 못하였다. (『담헌연기』 외집, 「유포문답」)

홍대용은 서양화의 원근법은 물론 채색법에도 관심을 보였다. 특히 "먼 하늘의 공계까지 모두 정색正色을 사용하였다"는 구절은 그의 예리한 관찰력을 보여준다. 조선의 산수화에서는 하늘을 여백으로 비워둔 반면, 서양화에서는 하늘도 하나의 구체적인 공간이므로 색이 칠해진다.

홍대용은 바로 이 같은 동양화와 서양화의 차이를 포착했던 것이다. 홍대용이 주목했던 서양화의 '하늘색' 표현은 조선 후기 산수화에도 영향을 주어 마침내 하늘을 채색한 그림이 등장하게 된다. 강희언姜熙彦

(1738~1784 이전)의 〈도화동에서 바라본 인왕산도〉가 그것이다.

강희언은 조선 후기에 활동한 중인 화가로 서양화법을 적극적으로 수용했다. 그는 인왕산의 경치를 그리면서 배경에 보이는 하늘 전체를 엷은 푸른색으로 채색했다. 이는 기존의 산수화에서는 볼 수 없던 것으로, 여백에 대한 새로운 인식을 보여주는 특별한 시도다. 이처럼 강희언은 서양화법적 실험을 통해 다양한 작품을 남겼다. 그의 이러한 실험정신은 당시 화단에 중요한 영향을 미친 것은 물론, 오늘을 살아가는 우리에게도 시사하는 바가 크다.

삶에 대한 태도가 표현의 차이를 낳다

천주교와 함께 유입된 서양화는 실학자들에 의해 대상의 '참다운 형상'을 묘사하는 데 적합한 화법으로 여겨지면서 적극적으로 수용되었다. 그런데 서양화법에 매료되었던 실학자들의 태도를 보면, 한 가지 특이한 점을 발견하게 된다.

박지원, 박제가, 홍대용과 같은 이용후생학파(북학파)는 주로 서양화의 회화적 표현에 관심이 많았다. 이에 반해 이익이나 정약용 같은 경세치용학파는 회화의 원리나 과학기구의 사용에 더 많은 주의를 기울였다. 그들의 학문적 지향이 다르듯, 서양화법에 대한 인식 또한 특정 방면으로 나타나는 것이 흥미롭다.

김두량, 〈흑구도〉, 국립중앙박물관 소장. 서양화법의 영향으로 털의 묘사는 물론 겨드랑이를 긁는 개의 눈초리까지 사실적으로 표현되었다.

조선 후기 실학자들의 관심을 받으며 유입된 서양화법은 다양한 분야의 그림에 영향을 미쳤다. 하지만 서양화법의 유행은 그리 오래 가지 않았다. 그 이유는 무엇일까? 아마도 '눈'에 보이는 현상보다 '정신'을 중요시한 동양화의 전통이 강하게 작용했기 때문일 것이다.

예부터 동양에서는 눈에 보이는 사실을 그대로 옮겨 그리기보다 '마음'으로 해석하여 표현하고자 했다. 그 결과 동양의 화가들은 먹과 선을 위주로 하여 대상의 의미와 느낌을 전달하는 데 주력했다. 반면 서양에서는 눈에 보이는 것을 그대로 화폭에 담기 위해, 원근법과 화려한 색을 사용하여 사실적인 표현을 추구했다.

이 같은 차이는 정신적인 것을 추구하는 동양인과 눈에 보이는 현상에 집중하는 서양인의 삶에 대한 태도의 차이에서 비롯된 것으로 보인다. 세상을 바라보는 인식의 차이가 결과적으로 그만큼 다른 회화적 표현을 낳았던 듯하다.

글·김정숙

～ 참 고 문 헌 ～

• 조선시대 서양화법의 수용에 관한 문헌으로는 『조선시대 그림 속의 서양화법』(이성미, 소와당, 2008)이 대표적이다. 본문 가운데 '서양화법에 대한 실학자들의 견해'를 다룬 부분은 이 책을 참고했음을 밝힌다.

도덕과 윤리에서 벗어나 진실을 추구하다

    실학이란 18세기에서 19세기에 걸쳐 서울과 경기 지역을 중심으로 등장한 유학의 새로운 학풍을 가리킨다. 수기치인修己治人과 존심양성存心養性을 목표로 도덕적 인격 수양에 힘쓰는 기존의 학문 범주를 넘어서서 사회 현실의 실제적 문제를 파악하고 대응하고자 한 학풍을 말한다. 이러한 학풍은 문학의 성격에도 전반적인 변화를 가져왔다.

    첫째, 작중 인물상의 변화다. 서민이나 하층민 가운데서 새로운 인간형을 찾아 긍정적인 면을 부각하고자 했다. 둘째, 문예사상의 변화다. 권선징악적 교화를 앞세우지 않고 진眞을 추구하는 사상이 형성되었다. 셋째, 주제의식의 변화다. 문학을 도道를 실어 나르는 수단 정도로 여기지 않고 당대 현실의 중요한 문제들을 다룸으로써 문학의 독자적 비중과 영향력을 높였다. 넷째, 문체의 변화다. 주희 같은 성리학자들이 경전을 해석하는 식의 단아하고 평이한 설명적 문체가 아니라 소설투의 묘사적 문체를 구사했다. 이런 변화의 단초가 그 이전 시대에 전혀 없었던 것은 아니지만 이 시기의 실학자들에 의해 더욱 뚜렷하게 부각되었다. 실학과 문학의 이런 변화들을 좀 더 구체적으로 살펴본다.

서민층에서 찾아낸 새로운 인물상

조선 중기까지만 해도 시정市井 공간이나 시정의 서민은 문학에서 주목하는 대상이 아니었다. 시정의 서민들을 경계하거나 훈계할 대상으로 여겼을 뿐 기록의 대상으로 여기지 않았던 것이다. 시정모리지배, 시정열사지배, 시정천류, 시정소아, 시정부랑지배, 시정무뢰지배, 시정소민 등의 말에서 느껴지듯 부정적인 이미지다. 이익을 추종하고 어리석고 천하고 불안정하게 떠돌고 보잘것없고 잡스럽다는 의미를 내포하고 있는 것이다. 따라서 시정 공간이나 시정의 하층민에 대한 기록은 극히 드문 편이며, 간혹 있다 해도 그들의 어리석음을 해학의 대상으로 삼거나, 혹은 뜻밖의 충·효·열을 실천한 사람을 대상으로 삼아 칭찬하는 경우에 국한되었다.

그런데 조선 후기에 이르러 일부 문사들이 야담과 필기류의 산문이나 인물전, 장편 한시 등으로 이들을 다채롭게 그려내고 구체적인 생활상을 형상화했다. 그러한 변화의 중심에 박지원의 「광문자전」, 「마장전」, 「예덕선생전」, 「김신선전」 등의 산문과 이학규의 「걸사행」, 정약용의 「장천용전」, 「소경에게 시집간 여자」 같은 실학자들의 문학이 자리하고 있었다. 특히 박지원은 젊은 시절에 쓴 위의 작품들 외에 중년에 쓴 『열하일기』에서도 마부로 갔던 창대와 하인 장복이의 언행을 생동감 있게 담아냈다. 하인들의 우스갯소리와 익살스러운 행동, 엉뚱한 실수, 사소한 속임수, 허풍 등을 아무런 도덕적 훈계 없이, 마치 현장에 같이 있는 듯 그려낸 것은 500회가 넘는 조선조의 중국 사행 기록 중 박지원의 기록이 유일한 듯하다.

중인 이하의 서민층에 대해 평등한 시선을 보내고 때로는 그들에게서 양반층보다 훌륭한 면을 발견하며 그들의 비루한 일면을 직시하면서도 생활의 당위성을 옹호하는 관점은 문학사에 있어 큰 진전이라 하겠다. 동서양을 막론하고 문학사에서 하층민이 주인공으로 등장하고 하층민의 생활공간이 주 무대가 되는 것은 중세 이후의 현상인데, 우리 문학사에서 이러한 변화가 일어나는 데는 실학파의 문학이 중요한 역할을 담당했다.

진정을 중시하고 진을 추구하는 문예사상

구체적인 일상생활 속에서 진정과 진실을 발견하고 의미를 부여하는 논리는 조선 중·후기부터 여러 문인 학자들에 의해 전개되었다. 허균은 남녀의 정욕은 자연의 이치요 예교는 성인의 가르침이니 천리를 따르겠다고 하여 정욕을 긍정했으며(안정복, 『순암집』 권17, 「천학문답」), 홍세태는 "사람은 천지의 중中을 얻어 태어났으므로 그 정情에서 느끼는 바를 말로 나타내 시를 이루는 데 있어서는 신분의 귀천이 없이 누구나 마찬가지다"(홍세태, 『유하집』 권9, 「해동유주서」)라고 하여 감성과 표현에서의 만인 평등을 주장했다. 김만중은 "일반 백성이 사는 거리에서 나무하는 아이나 물 긷는 아낙네가 서로 화답하는 노래는 비록 천박하다고는 하지만, 만약 진실과 거짓을 따진다면 참으로 학사·대부의 이른바 시이니 부賦이니 하는 것들과 함께 논할 바가 아니다"(김만중, 『서포만필』)라고 하여 서민의 정서가 그대로 드러난 노래의 진실성에 가치를 부여했다.

이런 논리는 이정섭의 「청구영언후발」을 비롯하여 홍대용의 「대동풍요서」, 이가환의 「풍요속선서」, 홍양호의 「풍요속선서」에서도 거의 차이 없이 전개되었다. 뛰어남과 졸렬함을 잊고 선과 악을 잊은 채 자연에 의거하고 천기에서 나오는 노래야말로 참된 노래라는 것이다. 도덕윤리보다 진정과 진을 중시한 논리인 것이다.

이러한 논리에 실학파 학자들은 더욱 분명한 강조점을 찍었다. 이덕무는 "문인재사文人才士로서 통속을 모르면 훌륭한 재주라고 할 수 없다. 만약 상것들의 통속이라고 물리친다면 인정人情이 아니다. 청나라 선비 장조가 '문사는 능히 통속 글을 해도 속인은 능히 문사의 글을 못하고 또 통속 글에 능하지 못하다'라고 했으니 참으로 지자의 말이다"(이덕무, 『청장관전서』 권48,「이목구심서」)라고 하여 '통속'을 알아야 한다고 강조했다.

박지원은 "문장을 하는 자는 오직 그 참모습을 적을 뿐이다"(『연암집』 권3,「공작관문고자서」)라고 하여 문학의 사명이 진을 담아내는 데 있다고 말했다. 유교 윤리에 합당한 소재나 주제의 범위에서 벗어나서 진을 추구할 것을 강조한 것이다. "도올이 나쁜 짐승이지만 『초사』에 편명을 삼았고, 추매는 흉악한 도적이지만 사마천과 반고가 이를 서술했다"라는 것을 예로 들어 박지원은 문예가 진을 추구해야 하는 까닭을 보편적 호소력을 갖추는 데서 찾았다. "기뻐서 웃고 슬퍼서 우는 것만은 통역을 하지 않고도 이해할 수 있다고 했는데, 그것은 정이란 겉으로 꾸밀 수 없고 소리란 진심에서 우러나오기 때문"(『연암집』 권3,「회성원집발」)이라는 것이다. 보편적 호소력은 누구에게나 쉽게 통하므로 서로 다른 도덕적 관습을 따져야만 통하는 경우와 달리, 그 상호 이해와 소통의 범주가 무한히 넓다는 것을 박지원은 간파했던 것이다.

그렇다면 진은 어디에 존재하며, 어떻게 포착할 수 있는가? 박지원은 이렇게 설명했다.

어린애가 나비 잡는 것을 보면 사마천의 마음을 얻을 수 있지요. 앞 무릎을 반쯤 구부리고 뒤꿈치를 살짝 들고 손가락을 집게 모양으로 내밀고 다가서는 즈음 그래도 손끝이 나비를 의심나게 하면 그만 날아가버리지요. 사방을 둘러봐도 인적이 고요한데, '아차' 하고 웃으며 부끄럽기도 하고 화가 나기도 하는 이게 곧 사마천이 저서를 할 때입니다. (박지원, 『연암집』 권5, 「답경지」)

사마천이 『사기』를 쓸 때 진을 포착하기 위해 객관적 사물과 현상에 접근할 때 주의력과 인식이 흔들리면 그 접점의 순간을 놓쳐버리고 만다는 뜻으로, 객관과 주관의 합일 순간에 '진'은 존재하며, 진을 포착하기 위해서는 주관적 인식이 객관적 현상을 꿰뚫을 수 있어야 함을 비유적으로 설명한 것이다.

그렇게 포착한 진을 표현하는 방법에 대해서는, 엄숙주의에서 탈피하여 사소하고 하찮은 것을 구체적으로 그려내야 하며, 옛날이 아니라 지금을, 먼 곳이 아니라 여기를 그려내야 한다고 했다. 또 아무리 훌륭한 고전이라도 모방하지 말고 자신의 말로 새롭게 표현하고 우언寓言의 기법을 잘 활용하라고 했다. 진은 가假(가짜) 혹은 위僞(거짓)와 상대되는 개념으로서, 문학의 사명을 진에 두면 문학의 현실성이 강조될 수밖에 없다는 점에서 문학의 발전에 한 획을 그은 사상이라 하겠다.

문학으로 당대 현실의 이슈를 다루다

실학자들의 글은 어떤 종류의 글이든지 행간에 당대의 현실을 고민하는 문제의식을 드러낸다. 형식과 소재 면에서 전통적 흐름이 뚜렷한 악부시樂府詩 같은 경우에도 이익의 「해동악부」에서는 민생이나 풍속과 관련한 현실적 문제의식을 담아냈고, 산수를 유람하고 나서 쓰는 산문인 유산기의 경우에도 국방과 안보의식을 드러냈다.

유득공은 회고시 「이십일도회고시」에서 자국의 역사에 대한 긍지와 비판적 문제의식을 담아냈으며, 정약용은 「애절양」, 「탐진촌요」, 「탐진농가」 등의 한시에서 사회적 병폐와 부조리를 그려냈다. 실학파 문인들은 과거시험의 누적된 병폐, 신분 갈등, 과중한 부세 문제 등을 다룬 것은 물론이고, 서민부자의 출현이라든가 서울의 번화함 등 당대 현실의 모습을 문학작품으로 형상화했다.

중국에 사신으로 다녀온 체험을 시나 산문으로 기록하는 전통 역시 아주 오래전부터 있었지만, 실학자들은 개인적 감회를 기록하는 것을 넘어서서 현실 개혁과 문명 발전에 대한 문제의식을 담아냈다. 박지원의 『열하일기』는 사행 기록문학에서 으뜸가는 성과로 손꼽히는데, 거기에는 생활용구를 예리하게 만들어 민생을 윤택하게 하고자 한 박지원의 실학사상이 문학적으로 잘 형상화되어 있다.

박지원은 중국의 진정한 장관은 깨진 기와조각과 냄새나는 똥거름에 있다고 말했다. 천하의 문물제도를 보는 기준이 변발에 호복을 입었느냐 상투를 틀고 갓을 쓰고 도포를 입었느냐 따위가 아니라, 깨진 기와로 쌓은 담과 벽돌로 지은 집과 말똥, 쇠똥을 연료로 이용해 편리한 생활을 할 수 있느냐에 있음을 누누이 강조했다.

특히 『허생전』에서 허생이 이완 대장에게 제시한 현실 개혁안은 박지원이 평소에 지녔던 비판의식과 그대로 통하는 것이다. 그는 의관제도로 유교문명의 적자임을 자처하는 것, 조정 관료들의 안일함과 무위도식, 양반들의 위선과 무능, 신분 차별 행위 등 당대 사회의 주요 문제들을 웃음 띤 필치로 비판했다. 실학자들의 시와 산문에서는 그들이 현실의 문제를 진단하고 개혁하고자 하는 의지가 공통적으로 드러나는데 문학이 당대 현실의 이슈를 적극적으로 다룬 것은 실학파 문학이 지닌 중요한 특징이다.

소설적 묘사와 구어투 문체

조선 중기에 허균을 비롯하여 중국 사행을 다녀오는 사신들은 중국의 서적을 대규모로 들여왔다. 그중에는 소설 및 소품 종류의 서적들도 포함되어 있었는데 이지, 장조, 원굉도 삼형제, 김성탄, 전겸익, 풍몽룡 등 명말청초 문인들의 서적이 차츰 인기를 끌었다. 그러다가 조선의 문인 학자들도 이들의 문체와 닮은 글을 쓰기 시작했다. 흔히 패관소품체라고 불렸던 이 문체는 기존에 모범으로 삼던 당송고문의 정중하고 평이한 문체와 달리, 글이 짤막하면서도 주제가 예리하게 드러나고 감각적인 묘사로 생생한 현장감을 주었다.

유만주俞晚柱의 일기『흠영欽英』에는 박지원이 자신의 문장에 대해 스스로 원굉도와 김성탄을 따른 것이 있다고 인정한 내용이 보인다. 그런 투의 글은 눈이 밝아지고 마음이 시원하여 사람들이 전파해 마지않는다면서 원굉도나 김성탄을 본뜬 글이 얼마나 유쾌한 재미가 있는지를 말하고 또 남들이 자신의 글을 그렇게 평하는 것에 대해서도 자부심을 드러냈다.

그런데 이런 문체의 유행은 정조의 금지령으로 된서리를 맞았다. 이른바 소품 문체를 고문 문체로 되돌리고자 '문체반정'을 명한 것이다. 1792년(정조 16) 10월 19일자 『정조실록』에 따르면 정조는 선비들의 문풍이 날로 비속해져 경박한 패관소품 문체가 성행한다고 개탄하면서 그 근본 원인이 박지원에게 있다고 지목했다. "『열하일기』를 내가 이미 숙람하였으니, 어찌 감히 속일 수 있으랴? 『열하일기』가 세상에 돌아다닌 뒤로 문체가 이와 같아졌으니, 마땅히 매듭을 묶은 자가 풀어야 할 것이다"라고 하여 반성하는 차원에서 박제가, 남공철, 박지원 등에게 자송문을 쓰고 순정한 고문으로 글을 지어 올리게 함으로써 소품 문체의 유행은 진정되었다.

당시 문체 문제로 정조에게 박지원보다 훨씬 더 엄중한 문책을 당한 사람은 이옥李鈺이라는 선비였다. 그는 실학자 유득공의 이종사촌으로, 정조로부터 네 차례나 엄중한 견책을 당했지만 과거시험과 벼슬길을 포기했을지언정 문체를 바꾸지는 않았다. 그의 글은 매우 유희적인 듯 보이지만 행간에 예리한 현실 비판의식이 숨어 있고 해박한 지식이 드러난다는 점에서는 실학자들의 문학과 일맥상통한다고 할 수 있다.

그런데 실학자라고 누구나 소품 문체를 즐겨 썼던 것은 아니다. 정약용은 소품체를 잡되다고 여겨 "잠시라도 패관소품 등 음탕하며 삿되고 편벽되어 바르지 못한 서적에 눈을 기울일 수 있겠는가. 근세의 재사才士와 빼어난 유자가 대부분 『수호전』, 『서상기』 등의 책에서 발을 빼지 못하였으므로 그 문장이 다 가냘프고 구슬프며 뼈를 찌르고 살을 녹게 하니, 도의와 이치며 정취에 하나도 볼 만한 것이 없다. 심지어 번화한 부귀가의 입에도 올릴 수 없으니 복록에 매우 해로운 탓이다. 이는 모두 잡서를 즐겨 본 폐해다"(정약용, 『다산시문집』, 권22, 「도산사숙록」)라고 비판했다. 또 비판까지는 하지 않더라도 스스로 소품 문체를 구사하지 않은 실학자들이 대부분이었다.

그러나 실학파 학자들은 글쓰기의 문체나 방법은 달랐어도 모두 자신의 언어로 새롭게 표현하여 진과 실을 형상화함으로써 실제 생활에 유익한 문학을 구현하고자 노력했다는 공통점이 있다. 선현의 글을 답습하거나 표절하기를 거부하고 자신의 언어로 표현하고자 했는데 그러한 의식과 노력은 자국의 언어, 즉 방언을 한문으로 표기하고 민요의 정감을 한시에 반영하며, 우리말 구어체를 한문 산문에 응용하는 방식으로 나타났다.

박지원은 「영처고서」에서 이덕무의 글이 '조선풍'을 담은 개성적인 글이라고 평가했으며, 정약용은 「송파수작」이라는 시에서 나는 본래 조선 사람[我是朝鮮人], 즐겨 조선 시를 지으리[甘作朝鮮詩]라고 읊조려 조선 사람의 생활 정서와 말투를 노래할 것을 선언했다. 한시의 까다로운 형식을 무시하고 조선 사람다운 정감과 표현을 살리겠다는 의지의 표현인 것이다.

이런 인식과 선언은 현실과 사물을 핍진하게 그려내고자 한 노력의 산물이지만 작가 개인의 개성 있는 문체를 넘어 자국의 언어와 생활 감정에 대한 자각으로 이어져 『아언각비雅言覺非』, 『이담속찬耳談續纂』 같은 저술을 낳기도 했다.

글·이지양

6장

실학과
신문물

유학자들이 바라본 천주교

조선 후기에 중국을 통해 서학西學이 전래되었다. 17세기부터 시작된 웨스턴 임팩트Western Impact(서구 문화의 충격)로서 서학은 서양의 과학기술과 종교를 모두 포함하는 용어다. 그러나 18세기 말엽 이후 조선에서 서학은 대개 서교西敎, 즉 천주교 신앙을 가리키는 용어가 되었다.

책으로 전파된 서학

천주교 신앙과 서양의 과학기술을 포함한 서학은 특이하게도 한문으로 쓰인 서책을 통해 조선에 들어왔다. 조선의 서학 수용의 특징은 선교를 통하지 않고 조선인이 자발적으로 들어왔다는 것이다. 세계사적으로도 유례가 없는 서학의 자발적 수용은 명말청초 이래 중국에 들어온 서양 선교사들이 그리스도교를 전파하기 위해 쓴 한역 서학서가 있었기에 가능한 일이었다.

마테오 리치 등 중국에 들어온 예수회 선교사들은 선교의 방편으로 그리스도교 교리와 함께 서양의 과학문화를 한역한 책을 발간했다. 그런데 이들 선교사들이 전한 신앙은 근대가 아닌, 중세 스콜라 철학을 기반으로 한 그리스도교였다. 선교 1세대인 마테오 리치를 비롯한 예수회 선교사들은 그리스도교를 중국 사회에 좀 더 쉽게 전파하기 위해 중국의 주류사상인 유학에 주목했고, 결국 보유론補儒論에 입각하여 그들의 신앙을 설명했다. 보유론은 중국의 유교와 서양의 그리스도교가 교리상 서로 충돌하지 않으며, 그리스도교의 가르침이 유교의 부족한 부분을 보완하여 완성해준다는 논리였다.

마테오 리치도 그리스도 교리를 유교 교리에 접목하여 설명했다. 그는 『천주실의天主實義』라는 책에서 천주와 상제上帝의 동일성, 영혼의 사후불멸, 천당·지옥의 존재를 유교 경전을 인용하여 설명했다. 이처럼 보유론은 유교사회인 중국에 서양의 그리스도교를 거부감 없이 선교하기 위해 만들어낸 논리였다.

17세기 이래 조선의 지식인들에게 전래되었던 서학 관련 한문 서적들은 대부분 보유론의 입장에서 저술되고 번역된 것이었다. 당시 이 책을 읽은 중국과 조선의 지식인들은 유교문화의 전통을 포기하지 않고도 천주교를 받아들일 수 있을 것으로 생각했다. 조선 후기 지식인들은 서양 문물 중에서도 국가를 발전시킬 과학기술에 관심을 가졌고 그것의 수용에 긍정적이었다.

서양 문물이 처음 공식적으로 조선에 전래된 것은 1631년(인조 9)이다. 명나라에 사행사로 갔던 정두원이 귀국길에 천주교 서적과 함께 천문도, 천리경, 자명종 등 서양의 과학서적과 기기를 가져오면서부터다. 이 무렵에는 실학자 가운데 일부가 서양의 과학문명에 관심을 보였으나, 파급 정도는 크지 않았다.

서학에 대한 조선 지식인들의 관심은 18세기에 폭발적으로 증가했다. 북경에 가는 사신들은 서양의 서적과 문물 기기를 둘러보고 천주교 성당을 구경하는 것이 기본 코스였다. 이들은 서양 선교사들을 만났고, 한역서학서를 읽은 뒤라 훨씬 심도 있는 대화를 나눌 수 있었다. 대화 주제는 주로 서양의 천문 역법과 과학기술에 관한 것이었다.

천주교 교리서인 마테오 리치의 『천주실의』는 중국에서 흔하게 사오는 책이었고 서학에 관심 있는 지식인이라면 읽어볼 수 있었다. 마테오 리치는 『천주실의』에서 그리스도교의 유일신을 유교의 상제와 결부 지어 '천주天主'라는 개념으로 중국에 소개했다.

그러나 조선에 천주교가 수용될 당시 '천주' 개념을 중심으로 한 보유론은 이미 중국 교회에서 비판받고 있었다. 때마침 조선에서도 1791년(정조 15)의 윤지충 사건(신해박해)을 계기로 천주교를 탄압하기 시작했고, 이러한 과정에서 조선 교회 창설에 참여했던 양반 지식층은 천주교를 떠나 다시 유교문화로 회귀할 수밖에 없었다.

성호학파의 서학 수용

서학은 조선 후기 조선에 들어온 외래사상으로 실학자들의 관심을 끌었다. 특히 성호 이익은 18세기 전반에 서학에 대한 인식을 지식인 사회에 전하는 데 결정적인 역할을 했다. 이익의 부친 이하진은 사행사로 북경에 갔다가 수천 권의 서적을 구입해왔는데, 그 가운데는 중국에서 활동하던 예수회 선교사들이 쓴 서학 서적이 상당수 있었다. 그가 당시에 읽었던 한문으로 번역된 서학 서적으로는 『직방외기』· 『천주실의』· 『천문략』 등 천문·역법·수학·지리·기술·문물·종교 등을 망라했고, 관련한 서적만도 20여 종이 넘었다. 서학에 대한 이익의 관심은 지대하여 이때 읽은 서학 서적을 소개하고 논평하는 발문을 쓰기도 했다.

이익은 서학 전반에 대해 폭넓게 이해한 인물이었지만, 천주교 신앙에 대해서는 비판적이었다. 그는 "천주는 곧 유교의 상제와 같다. 그런데 천주를 공경하여 섬기고 두려워하여 믿는 태도는 바로 불교의 석가와 같다"라고 하여 천주교를 불교와 동일시했다. 서양 종교인 천주교의 신앙 조목을 비현실적이고 환상적인 것으로 본 이익은 천주교의 천당지옥설 등은 불교와 마찬가지로 허황하기 짝이 없다고 보았다.

이익은 천주교 신앙에 대해서는 부정적이었지만, 서양 과학의 탁월성을 인정하고 적극적으로 지지했다. 서양의 윤리적 인식도 유교와 소통할 수 있는 것으로 보는 등 서학에 대해 선택적이고 양면적인 자세를 가졌다. 결국 서학에 대한 이익의 양면적 입장은 성호학파 안에서 두 갈래로 나뉘는 양상을 초래했다.

이익의 문인들은 정통 유교 입장에서 천주교 교리를 비판하는 공서파와, 과학기술과 윤리적 해석을 수용하는 신서파로 갈라졌다. 이익의 초기 제자들인 신후담, 안정복 등 공서파의 대표주자들은 서양 과학에 별다른 관심도 없었고 천주교 교리에 대해서는 매우 비판적인 입장을 취했다.

반면 이익의 후기 제자들과 그 계승자들인 권철신, 이가환, 이벽, 정약용 등은 서양 과학기술에 적극적인 관심을 가졌고, 천주교 신앙으로 빠져들었다. 권철신을 중심으로 문인들이 모여 강학하던 천진암 주어사 강학회(1777~1779)는 천주교 교리에 깊은 이해와 확신을 가졌던 이벽李蘗이 참여하면서 사실상 천주교 교리에 대한 관한 토론을 벌이는 곳이 되었다.

이기환李家煥은 이익의 종손으로 정조의 신임을 받아 공조 판서에까지 오른 인물로, 수학과 천문학 등의 서양 과학에 해박했다. 이벽은 천주교 교리에 가장 해박한 이론가였으며, 『성교요지』나 「천주공경가」라는 천주교 교리를 해설하고 찬양하는 가사를 저술하기도 했다. 이벽의 저술은 유교와 천주교의 조화를 염두에 둔 예수회의 보유론적 논리를 계승하여 천주교 신앙과 유교가 서로 보완적이라는 입장에서 쓰인 것이다.

이처럼 조선 후기 서학을 처음으로 수용한 계층은 이익의 문인들이었다. 이들의 신분은 대개 양반이었고, 정치사상적으로는 기호 남인 출신으로 중소지주적 특성을 가지고 있었다. 이들 가문은 남인이 축출되는 경신대출척(1680) 이후 정치적으로 소외되었다가 정조 연간의 탕평책에 힘입어 다시 조정에 진출할 수 있었다.

그런데 서학을 수용한 이익의 문인들은 학문 연구에 전념하던 지식인들이었다. 이들은 당시 청나라 학풍의 영향을 받아 육경 중심의 고학에 관심을 가졌고, 현실성과 실천성에서 멀어지는 예학 중심의 성리학적 학문풍토를 비판적으로 바라보고 있었다. 더욱이 이들은 고학 연구를 통해 선진 시대의 유학을 연구하며 성리학 이외의 다른 사상, 즉 양명학에 대해서도 유연한 입장을 가졌고 이는 결국 서학을 수용하는 데까지 이르게했다.

천당과 지옥이 무슨 상관이란 말인가

실학자 가운데 천주교를 비판한 대표적인 인물은 신후담과 안정복이다. 신후담은 이익의 문하에 나갔던 초기인 23세 때(1724)『서학변』이라는 서학 비판서를 저술했다. 이 책은 조선 초기 정도전의『불씨잡변』이 불교 비판의 기준이 되었던 것처럼 천주교 비판의 유학적 기준이 되었다. 신후담은『서학변』에서『영언려작』,『천주실의』,『직방외기』 등의 한역 서학서들을 신랄하게 비판했다.

신후담이 보기에 서학, 즉 천주교는 이단에 불과했다. '살기를 탐내고 죽기를 아쉬워하는 것'은 이단의 공통점인데, 이것이 천주교 교리에서도 발견된다고 했다. 현세가 아닌 사후세계에서 영원하고 행복한 삶을 추구하는 이기적 마음이야말로 이단의 특징이라는 것이다.

신후담과 함께 서학을 비판한 안정복은 1784년(정조 8)부터 천주교 신앙운동이 이익의 문인들 사이에서 일어나자 이를 통탄했으며, 이듬해 서학 비판서인 『천학문답』과 『천학고』를 저술했다. 안정복은 신서파에 의해 신앙조직이 형성되는 것을 막기 위해 다각적인 노력을 기울였다. 그는 스승 이익에게 보낸 편지에 "서양의 설은 비록 정밀하다 할지라도 결국은 이단의 학문일 뿐입니다"라고 언급했다.

안정복의 서학에 대한 비판의식은 당시 천주교회 창설운동에 앞장서고 있던 권철신에게 보내는 2600여 자의 서한에 단적으로 나타나 있다. 이 편지에서 그는 천주학을 요약 설명하고 "우리의 생은 현세에 있는데 천당지옥이 무슨 관계가 있는가?"라고 반문했다. 이러한 인식은 내세관이 없는 유학자의 입장에서는 당연한 것이었다. 안정복은 이미 이익에게 보낸 편지에서 서학의 영혼 개념을 비판하는 등 서학 비판의 논리적 입장을 정립하고 있었다. 안정복은 서학의 영혼불멸설은 불교의 윤회와 다를 바 없다고 보고, 천주교와 불교의 허황됨과 달리 유교에서는 이러한 말을 하지 않는다고 확신했다.

천주교 신앙을 받아들인 실학자들과 달리 서학에 긍정적인 실학자들도 천주교에 대해서는 비판적인 유학자의 입장을 취했다. 북학파의 대표 인물인 담헌 홍대용은 서양 과학지식과 기술의 도입을 주장했지만, 천주교에 대해서는 적극적이지 않았다.

홍대용은 1764년(영조 40) 북경에 갔을 때 흠천감과 관상대, 동천주당 등을 견학하면서 흠천감 감정 유송령劉松齡(본명 August von Hallerstein)과 포우관鮑友管(본명 Anton Gogeisl) 두 예수회 선교사를 만나 서학과 관련한 필담을 나누었다.

홍대용은 "유교는 오륜을 숭상하고 불교는 공적을 내세우고 노장은 청정을 주장하는데 서학은 무엇을 숭상하는 것입니까?" 하고 단도직입적으로 물었다. 유송령은 "서학은 사랑을 가르치는 것이며, 천주는 만유의 위에 계신 분이며 사람 사랑하기를 내 몸 사랑하듯이 합니다"라고 대답했다. 그러자 홍대용은 "천주는 상제입니까, 아니면 그런 사람이 따로 존재하는 것입니까?" 하고 반문했다. 홍대용은 천주교를 불가의 설을 차용한 이단으로 보고 "서양의 학문은 유가의 상제 이름을 도적질해와서 불교의 윤회라는 말로 치장을 하였으니 가소롭다"라고 언급했다.

불교와 기독교의 사후세계에 대한 관점은 확연히 다르지만, 사후세계를 인정하지 않았던 당시 유학자의 입장에서는 동일하게 보였을 것이다.

북학파의 좌장인 연암 박지원도 열하에 갔을 때 청의 석학 왕민호王民皞와 서학에 관한 문답을 주고받았다. 이때 박지원은 "서교에서 불가의 윤회설을 천당지옥설로 삼고 믿으면서도 불교를 헐뜯고 물리쳐 마치 원수와 같이 여김은 어째서인가?"라고 반문했다. 천주교는 불교보다 하위의 종교이며 독설이 강한 종교로 인식한 것이다.

한편 실학을 집대성한 다산 정약용은 23세 때 고향인 마현(지금의 남양주시 조안면 능내리)에서 한양으로 가는 길에 사돈인 이벽으로부터 천주교에 대해 듣게 되었다. 물론 정약용은 이보다 앞서 16세에 성호 이익의 저술을 읽어보았으므로 서학에 대한 이해와 관심은 10대부터 시작되었다고 볼 수 있다. 청년시절 친밀하게 교류했던 이가환이나 이승훈, 이벽 등은 이익의 문인이면서 천주교 운동을 일으킨 인물들이었다. 그런데 정약용은 직접 천주교에 대해 언급하지 않았다. 신유박해 때 연좌되어 배교를 천명하고 강진으로 유배되어 18년 동안 고초를 겪었던 그는 천주교와 연좌될 기록을 남기지 않았다. 그러나 경전 해석을 중심으로 한 정약용의 실학적 세계관에는 천주교 교리로부터 받은 영향이 광범하게 녹아 있다.

18세기 서학을 수용했던 실학자들은 유교와 천주교의 조화, 즉 보유론에 기초한 '한역 서학서'를 통해 서학을 접했고, 서양 문물에 대한 호기심과 관심에서 점차 신앙으로 발전해나간 특징이 있다. 서학은 조선 사회에 대한 비판의식과 시대정신을 치열하게 고민했던 조선 지식인들의 신사조였다. 그러나 학문적 관심에서 출발한 서학은 점차 신앙으로 옮겨갔고, 천주교 박해 이후에는 신앙은 물론이고 학문적 관심마저도 멀리하게 되었다.

글·정성희

• 의학과 이용후생 •

어진 재상이 되지 못한다면 차라리 명의가 돼라

연암 박지원은 북경을 다녀오면서 지은 『열하일기』에서 이용후생을 강조했다. '쓰임을 벼려 삶을 두텁게 한다'는 이용후생이야말로 항산恒産 이후 항심恒心이라는 공맹 이래 유가정치의 대원칙이었다. 즉 이용을 한 후라야 후생할 수 있고 후생을 한 연후라야 정덕正德할 수 있다는 것으로, 도덕적 삶을 영위하려고 해도 일단 먹을거리가 충분해야 한다는 의미였다.

의학 혹은 의술은 이용후생의 방도 가운데 으뜸이었다. 동서고금을 막론하고 죽고 사는 일은 인간의 삶에서 가장 기본이기 때문이다. 살기 위해서는 음식이 필요하고 죽음을 멀리하려면 의약 지식이 필요했다. 농업기술과 의술이야말로 사람이 살아가는 데 없어서는 안 될 필수적인 정보였다. 조선 후기 재야에서 살아가는 방법을 다룬 책들에는 의약학 지식이 빠짐없이 수록되었다. 당시 시골 생활과 임원林園의 경제를 표방하는 책들에 중요하게 인용되던 책이 『동의보감』이었다.

『산림경제』, 조선 후기 『동의보감』의 재발견

17세기 초에 발간된 『동의보감』은 18세기 후반에 이르러 조선 사람들의 생활에 없어서는 안 될 서적이 되었다. 서울 양반이었던 유만주는 『흠영』이라는 일기에서 당시 사족들의 필수품으로 운서와 법률서를 포함하여 『동의보감』을 거론했으며, 규장각 검서관을 지냈던 이덕무 또한 그러했다.

나는 전부터 우리나라에는 세 가지 좋은 책이 있다고 생각했다. 그것은 바로 이이의 『성학집요』, 유형원의 『반계수록』, 허준의 『동의보감』이다. 『성학집요』는 사람답게 사는 방법을 알려주기 때문이요, 『반계수록』은 경제생활에 없어서는 안 되기 때문이고, 『동의보감』은 사람을 살리는 방법이기 때문이다.

19세기에 이르러 홍한주는 『동의보감』에 대한 높은 평가는 '예전부터 당시까지 많은 사람들이 인정하는 논의'라고 못박았다.

특히 조선 후기에 널리 유포된 『산림경제』는 주목할 만하다. 홍만선洪萬選의 저작으로 알려진 『산림경제』는 현존하는 이본이 수십 종에 달한다. 도대체 원본이 무엇인지 확정하기조차 어려울 정도다. 그만큼 '산림경제'라는 용어는 책 이름인 동시에 '산림에서 살아가는 방법'을 의미하는 보통명사로 사용되었다.

『산림경제』에는 거처를 정하는 복거에서부터 곡식과 야채를 재배하는 치농과 치포 기술 그리고 의약학 정보를 수록한 섭생과 구급 항목 등이 자세하게 실려 있다. 이 책 한 권이면 조선 팔도 어디에 거처를 마련하든 쌀과 보리를 재배하고 과수와 채소 등을 길러 반찬으로 곁들이고, 또 아프기 전에 예방하거나 병들면 구급에 대처할 수 있었다.

모든 소민小民(소농과 소상공인을 포함한 백성 일반)들의 바람대로 주경야독하여 관직에 오를 수 있다면 다행이겠지만 조선 후기에 이르러 과거에 합격하고 싶어하는 사람들은 늘어났지만 관직에 오른 자는 많지 않았다. 스스로 사족을 자처하던 대부분의 유학들은 한편으로는 농사와 양잠을 겸하고 다른 한편으로 사서를 읽거나 아니면 공문서 양식을 배워 소지나 써주면서 서생 노릇을 할 수밖에 없었다. 이들에게 『산림경제』는 시골 생활에 없어서는 안 될 지침서였다.

『산림경제』를 쓴 홍만선은 '구급편'을 만든 이유를 다음과 같이 설명했다.

산골에 살다 보면 읍내와 멀리 떨어져 있다 보니, 오래 앓는 병이라면

의원을 찾아가 침을 맞거나 약을 먹을 수 있지만, 만약 갑자기 급한 병을 만날 경우 손쓸 도리가 없어 끝내 요절하는 자가 많다. 때문에 구급법을 기록한다.

구급방에는 목을 매 죽으려는 자를 구활하는 방법부터 중풍과 타박상을 치료하는 처방 등 생활에 필요한 의학 지식이 빼곡하다. 타박상을 치료하는 방법을 보자.

타박상을 입어 어혈이 뭉쳐 죽게 될 경우 포황 3전을 뜨거운 술에 타 먹이거나, 백양수 껍질을 술에 담갔다가 먹는다. 또 생마의 뿌리와 잎을 짓찧어 즙을 내서 한 되를 먹이는데, 생마가 없을 때에는 마른 마를 삶아 즙을 먹인다. 또 어린아이 소변 한두 되를 뜨거울 때 먹이면 즉시 살아난다. 또 개똥을 불에 구워 가루로 만들어서 뜨거운 술에 두 숟갈을 타 먹이거나, 개의 쓸개를 두 번에 나누어 뜨거운 술에 타 먹이면 나쁜 피가 모두 빠져나간다.

타박상을 입어 통증을 참을 수 없을 경우 파의 흰 부분을 뜨거운 재에 구워서 쪼개면 그 속에 찐득한 액체가 있는데 이를 상처에 붙인다. 열이 식으면 뜨거운 것으로 갈아 붙이는데 잠깐 사이에 통증이 멎게 된다.

이들 처방은 모두 『동의보감』을 인용한 것들이다.

이뿐인가. 『산림경제』에는 두창을 이겨내는 방법, 산모가 아이를 출산할 때 주의할 사항들이 자세하게 기록되었다.

19세기 초 빙허각 이씨는 시집간 딸에게 출산과 육아의 경험을 전수해주고 싶었다. 자신이 아이를 낳아 기른 경험에 만족하지 않고 당시 유행하던 『산림경제』를 구해 읽었다. 아이를 낳아 대를 잇는 방법을 비롯하여 많은 정보를 얻은 빙허각은 자신의 경험을 보태어 딸을 위한 의서 『부녀필지』를 만들었다. 여성을 위한 필수 지식은 이후 규방의 백과사전인 『규합총서』의 한 장으로 발전했다.

『동의보감』이 조선 후기의 필수품이 된 데는 다 그만한 이유가 있었다. 그렇지만 18세기 후반은 『동의보감』이 간행된 지 이미 200년이 흐른 뒤였다. 그동안 중국에는 많은 의서들이 출판되었고, 조선 의원들의 경험도 쌓여갔다. 현실적으로 『동의보감』을 보완해야 할 필요성이 있었다. 『산림경제』에는 이미 윤씨, 허씨, 임씨, 전씨 등 이름을 알 수 없는 무명 의사들의 경험방經驗方이 추가되었고, 빙허각의 『부녀필지』에도 저자 이씨의 경험이 보태졌다.

새로운 의학 지식을 수용하다

정조는 그 어느 누구보다 백성을 구제하겠다는 의지가 강한 왕이었다. 그래서 흉년에 버려진 아이를 보호하는『자휼전칙』을 간행하여 전국에 보급하기도 했다. 정조는『동의보감』이후 수많은 경험방을 수집하고 최근 중국에서 수입된 의서를 참고하여 새로운 의서를 만들어 보급하고자 했다. 이 일을 담당한 사람은 어의 강명길康命吉이었다. 그는 30대 초반 내의원에 들어와 오랫동안 혜경궁 홍씨의 주치의 노릇을 했으며 어린 정조를 돌보았다. 세자 시절부터 정조는 강명길에게 의학을 묻고 공부했다. 후일 왕위에 오른 정조는 강명길에게『동의보감』이후의 새로운 처방을 증보하는 동시에 간편하고 실용적인 의서를 만들도록 지시했다.

1799년(정조 23)『제중신편濟衆新編』이 완성되자, 정조는 '백성을 구제하는 새로운 의서'라는 제목을 직접 지어주었다. 서문에서 강명길은 그동안의 사정을 밝혀두었다. 정조의 부탁은 다음과 같았다.

우리나라 의서로는 오직 허준의『동의보감』이 유일한데, 비록 상세하지만 글이 어수선하고 쓸데없기도 하고 말이 겹치거나 증상이 빠진 것이 있다. 근래 응용하는 처방들도 누락된 것이 많다.『내경』에 이르지 않았는가? 요점을 아는 이는 한 마디로 다 할 수 있으나 그 요점을 모르면 어수선할 뿐이다. 그러므로 그대(강명길)는 모든 의서들을 널리 모아 산만한 것을 덜어내고 요점만을 추려 책을 만들어 바치도록 하라.

정조는 강명길에게『동의보감』이후 개발된 경험방을 널리 수집하고 또 새로 수입된 중국의 의서들을 응용하여 간편하면서 실용성이 높은 의서를 편찬하도록 명했다. 『동의보감』 이후 조선에 수많은 중국의 의서들이 들어왔지만 그중 대표적인 책을 꼽자면 『경악전서景岳全書』와 『의종금감醫宗金鑑』을 들 수 있다. 전자는 1624년 명대 의학자 장개빈張介賓이 저술한 의서이고, 후자는 청대 건륭황제 연간에 국가사업으로 편찬한 종합 의서였다.

가령 강명길은 『제중신편』의 구급조에 간수를 마신 사람을 살리는 처방을 『경악전서』에서 인용했다.

> 염로독(간수독): 무릇 부녀가 간수를 먹고 죽을 지경이면, 급히 산 오리나 닭의 머리를 잘라 입안에 넣어 뜨거운 피를 마시게 한다. 능히 간수독을 풀 수 있다. 만약 간수를 많이 마셨다면 반드시 여러 마리를 잡아 피를 마시게 해야 해독할 수 있다.

조선 후기 실학자 서유구는 『임원경제지』에서 의약학을 다룬 「인제지」를 저술하면서 많은 내용을 『경악전서』에서 인용했다. 다른 의서를 참조하지 않았다는 의미가 아니라 기본적인 진단과 처방을 『경악전서』에 크게 의존했다는 말이다. 특히 「인제지」의 외과 부분은 청대의 『의종금감』을 전재했다고 해도 과언이 아니다.

뿐만 아니라 정약용은 온역溫疫이 유행할 때는 성산자 처방을 권했는데 이 역시 『경악전서』에서 인용한 것이다. 성산자는 창출, 방풍, 후박 등의 다양한 약재를 가루로 내어 대추와 함께 물에 달여 따뜻하게 복용하는 약물이다. 장개빈은 "일체의 풍토병[山嵐瘴氣]이나 시역, 온역, 상한, 풍습 등의 다양한 질병을 치료하는 데 비상한 효험이 있다"라고 설명했다.

정약용은 이기양이 문의현감(현재 충청북도 청원군 문의현) 시절에 온역이 유행하자 성산자 처방으로 많은 사람들의 목숨을 구했으며, 이웃 청주와 옥천 사람들도 살려냈다고 강조했다.

『제중신편』 이전에도 『동의보감』을 보완하려는 시도가 없지 않았다. 주명신周命新은 평생 의학자로 지냈던 인물로, 몇 권의 시집을 남길 정도로 시인으로도 유명했다. 그는 1780년(정조 4) 연암 박지원과 함께 중국 북경을 다녀왔다. 당시 그는 사신단의 건강을 책임진 의관으로 참여했는데 이때 중국의 의서들과 새로운 지식에 관심을 가졌다. 1784년(정조 8) 주명신이 편찬한 『의문보감醫門寶鑑』은 『동의보감』 이후 발달한 의학 지식을 보충한 것으로 후일 강명길의 『제중신편』에 큰 영향을 미쳤다.

당시 청의 학문을 배우자고 주창한 북학파뿐 아니라 관인들 상당수가 중국의 새로운 문물과 정보에 관심이 많았다(북경 연행뿐 아니라 조선통신사로 일본을 다녀왔던 관료들이나 학자들은 일본에 전해진 네덜란드의 서양 의서를 구입하여 돌아오기도 했다). 특히 두창이나 마진 등 무수한 생명을 앗아가는 전염병에 대한 치료법이야말로 이용후생의 중요한 방도였다.

『의종금감醫宗金鑑』의 두진 치료법은 조선 후기의 역병에 대한 연구를 자극하기도 했다. 많은 학자들이 이들 의서를 읽고 두창과 마진의 치료법 및 예방법을 연구했다. 종두법과 같은 예방법도 과감하게 실험했다. 박제가와 정약용은 이 분야의 선구자였다. 두 사람은 각각 종두법을 연구하던 중 1800년(정조 24) 서울에서 만나 함께 종두법을 연구함으로써 조선의 종두법 발전에 크게 기여했다.

종두법을 실험하다

1797년(정조 21) 곡산부사 시절 『마과회통』을 편찬하여 두진 치료에 앞장섰던 정약용은 종두법에 큰 관심을 가졌다. 그는 1799년(정조 23) 가을 북경을 다녀온 의주 사람으로부터 『종두방』 필사본을 얻었는데, 그 내용이 겨우 두어 장에 불과했다.

이듬해인 1800년 봄 규장각에 근무하던 정약용은 서울에서 박제가를 만났다. 그가 박제가에게 『종두방』을 보여주자 박제가는 자신도 비슷한 처방을 가지고 있다고 말했다. 박제가는 예전에 규장각에 소장된 중국 책에서 초록해두었다고 밝혔다. 그는 초록본이 너무 소략하여 깊이 연구할 수 없었는데 이제 두 가지를 합치면 종두법을 완성할 수 있을 것으로 기대했다. 박제가로부터 소개받은 또 다른 종두서는 『의종금감』에 수록된 「종두심법요지種痘心法要旨」였다.

정약용이 의주 사람에게 입수한 필사본은 '정씨종두방'으로 알려진 책이었다. 사실 정망이의 『종두방』이라는 책은 존재하지 않는다. 그도 그

럴 것이 정망이의 『종두방』은 단행본이 아니라 청대 의학자 섭계葉桂의 『임증지남의안臨證指南醫案』에 수록되어 있는 종두법에 관한 논설이기 때문이다.

섭계는 평생의 임상치료 경험(醫案)을 자신의 문인들에게 남겼고 12명의 문인들이 섭계의 의안을 보충하고 편집하여 의서를 간행했다. 1746년(영조 22)에 초간된 후 수십 차례 간행되어 널리 활용되었다. 모두 10권으로 권1~권8은 내과를, 권9는 부인과를, 권10은 소아과를 다루었다.

권10의 소아과 부분에 정망이의 종두법이 기록되어 있다. 정망이의 이력은 자세하지 않지만 섭계의 문인 중 한 사람으로, 두창(천연두) 치료에 경험이 많은 유의로 보인다. 조선 의주 사람이 북경에서 이 책을 필사하면서 『정씨종두방』으로 정약용에게 전해주었고, 박제가는 규장각의 의서를 초록하여 『임증지남』이라는 제목을 달았다.

박제가는 일부만 초록된 두 사람의 필사본을 합하면 종두법을 완성할 수 있으리라 기대했다. 그는 서울에서 영평현으로 돌아오자마자 사람을 보내어 자신의 초록본을 정약용에게 보냈다. 정약용은 두 가지를 정리하여 『종두방』 1책으로 편집했다. 현재 『마과회통』에는 『정씨종두방』과 『의종금감』의 「종두심법요지」를 합친 내용이 「종두요지」라는 편명으로 부록되어 있다. 바로 정약용이 1800년 봄에 완성한 인두법에 관한 저술이다. 다산은 22개 항목으로 나누어 종두 시술의 장점을 적극적으로 피력했다. 아울러 이해하기 어려운 부분은 주석을 달고 허황된 서술은 대폭 삭제했다.

정약용은 책이 완성되자 곧 박제가에게 보냈고, 이후 다시 서울에서 그와 만나 종두법의 가능성을 논의했다. 해결해야 할 시급한 문제는 접종에 필요한 두묘痘苗를 확보하는 것이었다. 두 사람은 오랫동안 두묘 제조법을 논의했지만 결론을 내지 못했다.

그런데 수십 일 후에 박제가는 다시 정약용을 방문하여 두묘를 완성했으며, 당시 영평현의 이방과 노비의 아이 그리고 자신의 조카에게 접종하여 성공했다고 밝혔다. 두 사람의 연구가 결실을 맺은 순간이었다. 정약용은 이 일을 1800년 6월 정조가 승하하기 전으로 기억했다. 조선에서 종두법이 처음 시행된 역사적 순간은 1800년 봄에서 여름 사이의 어느 날이었다. 마침내 두창을 이겨낼 수 있는 종두법이 탄생한 것이다. 정약용과 박제가의 우연한 만남과 이후의 열정적인 노력이 맺은 결실이었다.

조선 후기의 지식인들은 백성 구제의 책무를 마다하지 않았으며, 그 중심에 의약학이 있었다. 의약 공부는 개인적으로 산림경제의 처세인 동시에 사회적으로 경세제민의 방도였다. 『동의보감』은 18세기 후반 『산림경제』와 같은 생활백과 서적에 대거 인용되면서 이용후생의 필수 서적이 되었다. 수많은 사람들이 『동의보감』을 응용하여 경험방을 만들어냈고, 명·청대의 신간 의서들은 조선 의학계에 신선한 자극을 주었다.

정조는 국가사업으로 『제중신편』을 편찬하여 조선 후기의 의학 발전을 선도했으며, 서유구는 개인의 노력이라고는 믿기 어려울 정도로 방대한 의학·약학 데이터베이스를 구축했다. 또한 두창처럼 위험한 역병을 이겨내려는 열정은 종두법의 도입을 가능하게 했다. 정약용과 박제가는 위험한 치료법으로 간주되던 종두법을 깊이 연구하여 과감하게 실험한 실천적 지식인이었다.

글·김호

∽◈ 참고문헌 ◈∽

- 『동의보감』.
- 『목민심서』.
- 『산림경제』.
- 『시종통편』.
- 『정조실록』.
- 『제중신편』.
- 『청장관전서』.
- 김동석, 「장서각 소장 『玉振齋詩稿』 연구: 1780년 周命新의 북경 기행시를 중심으로」, 『장서각』, 2014.
- 김혈조 역, 『열하일기』, 돌베개, 2009.
- 김호, 『허준의 동의보감 연구』, 일지사, 2000.
- 김호, 「18세기 후반 居京 士族의 衛生과 의료: 『欽英』을 중심으로」, 『서울학연구』, 1998.
- 김호, 「이의순명(以義順命)의 길: 다산 정약용의 종두법 연구」, 『민족문화연구』 72, 2016.
- 김호 외, 『풍석 서유구 연구(상)』, 사람의무늬, 2014.
- 신순식 외, 「『臨證脂南醫案』에 관한 연구」, 『한국한의학연구원논문집』 1-1, 1995.
- 유준상 외, 「『醫門寶鑑』의 편찬과 주명신의 행적에 대한 연구」, 『대한한의학원전학회지』, 2013.
- 정양완 역주, 『규합총서』, 보진재, 1992.
- 홍한주, 김윤조 외 역, 『지수염필』, 소명출판, 2013.

7장

실학과
과학

• 서양 과학의 전래 •

세상의 중심은 중국이 아니었다

조선 후기 과학 분야에서는 새로운 양상이 나타났는데, 가장 큰 특징
은 왕립 차원의 과학 연구 중심에서 개인 차원의 과학 연구가 이루어지
기 시작한 것이다. 전통시대 과학은 천문과 지리 분야에 집중되어 역법
이나 지도 제작 등 왕조국가에서 필요한 부분에만 한정되어 발달했다.
따라서 과학은 과학 자체의 순수성보다는 정치적 필요에 따라 발전한
측면이 컸다.

그러나 17세기 이후 서양의 과학 문물이 수입되면서 '우주론'에 대한
관심 영역도 넓어졌다. 예컨대 실학자 성호 이익과 같은 인물은 12중천
설과 같은 서양의 우주론을 받아들였고, 김석문과 홍대용은 서양 선교사
들이 인정하지 않았던 지구의 자전을 주장하기도 했다.

한역 서학서를 통한 서양 과학문화의 전래

과학사에서 17세기는 과학혁명의 시기로 불린다. 과학혁명의 시작은 천문학, 즉 지동설에서 출발했다. 태양, 달 그리고 여러 행성들이 지구 주위를 회전한다는 프톨레마이오스(2세기)의 천동설을 버리고 지구와 행성들이 태양의 주위를 회전한다는 코페르니쿠스(1473~1543)의 지동설을 수용한 것이다. 코페르니쿠스의 지동설은 아이작 뉴턴과 튀코 브라헤, 요하네스 케플러를 거치면서 과학적으로 검증되었다.

17세기 유럽에서 시작된 천문학의 발전은 비단 서구 사회에만 변혁을 몰고 온 것이 아니라는 점에서 세계사적 의미를 지닌다. 17세기 이후 서양 천문학의 발달은 서구 사회뿐 아니라 당시 예수회 선교사들의 동양 선교 과정에서도 영향력을 발휘했다. 이 무렵 예수회 선교사들이 중국에 소개한 서양의 과학과 기술 중에서 단연 주목을 끌었던 것은 천문학과 관측 기술이다.

17세기 예수회 선교사들이 벌인 선교활동과 서양 과학의 전파가 명말청초의 지식인들에게 쉽게 파고들 수 있었던 것은 무엇보다도 한역 서학서의 저술 때문이었다. 한역 서학서란 명말청초에 서양 선교사들이 중국인들에게 천주교를 전교하는 한편, 서양 문명을 전수하기 위해 서양의 종교, 윤리, 지리, 천문, 역사, 과학, 기술 등에 관한 서적을 한문으로 번역 또는 저술한 책을 말한다.

서양 천문학과의 만남

마테오 리치(중국명 이마두利瑪竇)가 1602년에 북경에서 제작한 세계지도 『곤여만국전도』를 필두로 17세기 초 예수회 선교사들의 저작물이 본격적으로 조선에 유입되기 시작했다.

당시 중국을 통해 조선에 들어온 한역 서학서를 살펴보면, 마테오 리치의 『혼개통헌도설』, 『곤여만국전도』, 『건곤체의』, 줄리오 알레니(중국명 애유락艾儒略)의 『서학범』, 『기하요법』, 『직방외기』, 『곤여도설』, 디아스(중국명 양마낙陽瑪諾)의 『천문략』, 우르시스의 『간평의설』, 『표도설』, 아담 샬의 『혼천의설』, 『주제군징』, 『신법역인』, 『서양역법신서』, 『적도남북양총성도』, 자코모 로(중국명 나아곡羅雅谷)의 『오위역지』, 『천주성교계몽』, 『일전역지』, 『천주경해』, 페르디난트 페르비스트(중국명 남회인南懷仁)의 『의상지』, 『곤여전도』, 『곤여도설』, 『곤여외기』, 『적도남북성도』, 쾨글러(중국명 대진현戴進賢)의 『황도총성도』, 『의상고성』 등등 이루 헤아릴 수 없이 많았다.

이 시기에는 주로 중국에 간 연행사를 통해 서양 문물이 조선에 전래되었고, 이것이 다시 조선의 지식인들에게 본격적으로 유포되기 시작한 것은 18세기였다.

조선 지식인들이 중국 연행 때 마테오 리치의 『곤여만국전도』 같은 세계지도를 접한 것은 서양에 대한 이해가 시작된 계기였다. 특히 1631년(인조 9) 7월 부연사신 정두원鄭斗源은 포르투갈 출신의 신부 로드리게

스Johanes Rodriguez를 통해 당시 서양 신부들이 한문으로 저술한 천문·지리·역산 등에 관한 서적과 화포, 천리경(망원경), 자명종 등의 새로운 기기들을 전해 받고 조선으로 가지고 들어와서 지식인들을 놀라게 했다.

당시 정두원이 가지고 들어온 한역 서학서 및 서양 문물의 종류는 매우 다양했다. 이탈리아 출신의 신부 알레니의 『직방외기』 같은 세계지리서를 비롯하여 서광계와 롱고바르디의 공저로 서양 역법의 연혁을 설명한 『치력연기』, 마테오 리치의 천문서, 광학기 서적과 천문도 및 세계지도 등 최신의 한역 서학서가 들어왔다.

그런데 이 시기에 서양 선교사들이 소개한 천문학은 최신의 천문 지식이 아니었다. 서양의 천문학은 이미 코페르니쿠스의 태양 중심설로 교체된 상태였는데 선교사들은 가톨릭에서 인정하는 천동설, 즉 프톨레마이오스의 중세적 우주관을 중국에 전파했다. 프톨레마이오스의 우주관이 반영된 『천문략』과 『치력연기』 같은 한역 서학서들은 연행사를 통해 조선에도 들어왔다. 17세기 조선의 지식인들은 비록 중세 우주관이긴 하나 서양의 우주관을 자연스럽게 접할 수 있었다.

조선 후기 실학자로 알려진 안정복의 『잡동산이雜同散異』에는 당시 정두원과 함께 중국 연경으로 간 역관 이영후가 선교사로부터 얻은 『천문략』을 읽고 탄복했다는 내용이 실려 있는데, 사실 선교사 디아스가 지었다는 『천문략』은 앞서 언급한 대로 프톨레마이오스의 천문학을 바탕으로 한 12중천설을 소개하고 있는 천문학서다. 이처럼 비록 『천문략』이 최신의 서양 우주론을 소개한 것은 아니었지만, 개천설이나 혼천설 등 중국 고대 천체관의 테두리에서 만족하던 조선 지식인들의 반응은 놀라움 그 자체였다. 이로 인해 우주 구조론에 대한 관심이 크게 고조되었음은 물론이다.

회전하는 지구와 무한한 우주

조선 후기에 등장한 지전설은 서양 천문학의 수용이 표피에만 그치지 않았음을 보여준다. 한역 서학서 중에 지구의 자전을 설명한 것으로 자코모 로의 『오위역지』라는 서적이 있지만, 코페르니쿠스의 지동설을 정설로 인정한 것은 아니었다. 그 외 쾨글러의 『역상고성후편』이 지전설에 기초한 타원궤도설을 바탕으로 태양과 달의 운동을 계산했으나 천체관은 여전히 천동설을 채택하고 있었다.

이러한 상황에서 조선의 지식인이 지전설을 주창한 것은 조선시대 천문학의 수준을 짐작하게 하지만, 한편으로 서양 천문학의 세례를 받지 않고서는 불가능한 일이었다. 17세기 진일보한 천체관인 지전설은 김석문金錫文이 처음 주장한 이론이었다. 연암 박지원은 김석문의 지전설을 '삼대환부공설'로 『열하일기』에 소개하고 있다.

조선에서 최초로 지구의 자전을 주장했던 김석문은 조선 후기 성리학자로 시헌력 도입에 주도적인 역할을 했던 김육의 족손이다. 이 사실은 그의 천문학 연구가 우연한 일이 아니었음을 말해준다. 그가 최초로 지전설을 주장하게 된 것은 일찍이 주역에 관심을 가지고 소강절, 장횡거 등 성리학의 우주론을 정립한 사상가들의 서적을 읽으면서부터였다. 그는 이들 사상가들의 영향을 받아 삼라만상의 형성과 그 변화의 이치를 탐구했고, 제자백가와 천문학, 지리학까지 통달하면서 우주관에 눈을 뜨기 시작했다.

'삼대환부공설'이라는 김석문의 천체관은 『역학이십사도해』라는 그의 저작에 실려 있는데, 여기서 김석문은 자신의 지전설은 주돈이와 장횡거의 우주론 그리고 자코모 로의 『오위역지』를 바탕으로 하고 있음을 밝혔다. 김석문은 지구를 중심으로 부동천인 태극천이 가장 외곽에 자리 잡고 있으며, 태허太虛라고 불리는 천체 공간 사이에 경성천, 진성(토성), 세성, 형혹, 태백, 월륜이 366번 회전하는 지구를 중심으로 회전하고 있다고 설명했다.

김석문이 말한 우주 모형은 『오위역지』에서 소개된 티코 브라헤의 천체 모형과도 거의 흡사하지만, 지구가 1년에 366번 회전한다는 지전설은 그의 독창적인 이론이다. "회전하는 모든 사물의 움직임에는 반드시 기가 있으며, 이 기가 항성이나 은하를 움직이게 하는 것이지 하늘의 운행에 의해서 움직이는 것은 아니다"라는 장횡거의 논리를 자신의 지전설에 대입시키고 나아가 『오위역지』에 있는 티코 브라헤의 천동설을 뒤집어버렸다.

실로 탁견이라 하지 않을 수 없는 지전설이지만, 한계도 있다. 김석문의 지전설은 천문 관측을 통해 자연과학적 논리로 체계화한 것이 아니라

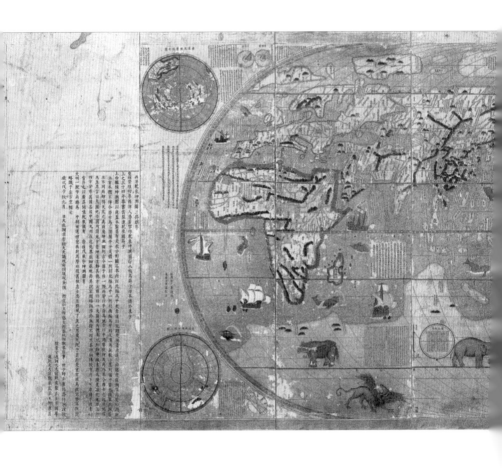

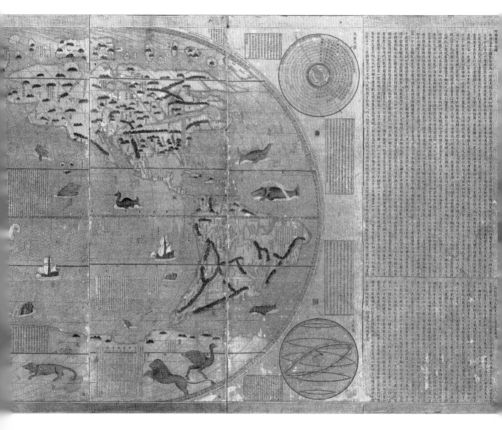

1708년 조선에서 그린 마테오 리치의 『곤여만국전도』. 실학박물관 제공.

사변적인 성리학적 우주론의 미비점을 보완하기 위한 것이었다. 또 인류의 역사와 문명 그리고 자연 현상이 일정한 주기로 흥망성쇠를 되풀이한다는 전근대적인 역사철학도 그의 우주관 속에 녹아들어 있다.

땅은 네모나지 않고 둥글다

새로운 우주관에는 지원설도 있었다. '지구가 둥글다'고 인식하는 지원설은 서양식 세계지도의 전래와 함께 들어왔다. 땅의 형태를 네모난 방형에서 구형으로 인식하게 된 것은 마테오 리치의 영향이 가장 컸다. 그는 방형이라는 것은 실제 형체를 말하는 것이 아니라 "조용하여 옮겨 다니지 않는 성질을 말하는 것"이라 전제하고 "땅과 바다는 본래 원형으로 이 둘이 합해 일구一球를 이루며, 일구는 천구의 한가운데 있다"라고 주장하여 땅이 둥근 형태임을 입증하고자 했다.

이러한 지원설은 마테오 리치가 제작한 세계지도인 『곤여만국전도』와 함께 그의 저작인 『건곤체의』의 「천지혼의설」에 실려 있는데, 이 책은 일찍이 이익의 『성호사설』에도 소개된 한역 서학서로서 천지혼의설과 지구 및 각 중천들 간의 거리, 태양·지구·달의 크기를 비교 측정하는 내용을 담고 있다.

서양의 지원설을 받아들인 실학자 성호 이익은 우주의 중심에 둥근 지구가 있다고 생각했다. "지구 아래와 위에 사람이 살고 있다는 것을 서양 사람들을 통해 비로소 자세히 알게 되었다"라고 고백한 이익은 중세적인 우주관과 지역관에서 탈피하는 상당히 진보적인 세계관을 지닌 사상가였다.

조선 후기의 천문학자이며 유학자인 황윤석黃胤錫도 일찍이 외암 이간의 「천지변설」에 나오는 천지도에 그려진 네모난 땅의 형태는 잘못되었다고 지적하면서 "하늘은 땅 밖의 큰 원이고, 땅은 하늘 안의 작은 원이다. 원으로써 원을 감싸는 것은 이치와 형세가 서로 마땅한 것이다"라고 언급했다. 또한 그는 "서양 역법에 이르기를 땅은 역시 둥글다고 했으니 무엇을 더 말하겠는가? 한영숙과 신백겸의 천지설이 하늘이 둥글다는 사실은 제대로 알았으나 땅도 둥글다는 사실에는 어두웠으니 땅을 육면의 형체로 그린 것은 분명 틀린 것이다. 이간이 천문도를 그리면서 육면체로 그렸는데, 이것은 네모의 귀퉁이만 조금 제거했던 것일 뿐이고 땅역시 원형으로 그려야 함을 알지 못한 것이다"라며 땅이 둥글다는 사실을 자신 있게 주장했다.

김석문에 이어서 지전설을 주장했던 담헌 홍대용은 자신의 우주관을 우주무한론으로까지 펼쳤다. 당대 최고의 유학자인 김원행의 제자였던 홍대용은 북학파의 실학자로 유명한 박지원과도 깊은 친분이 있었다. 그가 과학에 남다른 관심을 갖게 된 것은 1766년(영조 42) 초 북경을 방문했을 때 서양 과학을 접하면서부터였다. 서양 과학에 눈을 뜬 홍대용은 기존의 천체관에 회의를 품으며, 그를 유명하게 만든 중요한 이론인 지전설과 우주무한론을 제시하기에 이르렀다.

실옹과 허자의 문답으로 이루어진 『의산문답醫山問答』에는 홍대용의 우주관이 그대로 녹아 있다. "지구는 회전하면서 하루에 일주한다. 땅 둘레는 9만 리이고 하루는 12시다. 이 9만 리의 거리를 12시간에 달리기 때문에 그 움직임은 벼락보다 빠르고 포환보다 신속하다"라고 하여 김석문과 유사한 내용의 지전설을 주장했다.

사실 홍대용의 우주관에서 가장 주목할 만한 것은 지전설보다는 지구가 우주의 중심이 아니라는 '우주무한론'이다. "우주의 뭇 별들은 각각 하나의 세계를 가지고 있고 끝없는 세계가 공계에 흩어져 있는데 오직 지구만이 중심에 있다는 것은 있을 수 없다"는 그의 우주무한론은 그전에는 찾아볼 수 없던 실로 대담하고도 독창적인 것이었다.

중국의 고대 우주관인 선야설에서 무한의 공간을 상정하기도 하고 장횡거의 우주관도 이와 비슷한 면을 가지고 있었지만, 홍대용처럼 파격적인 주장은 아니었다. "지구를 칠정七政의 중심이라 한다면 옳은 말이지만, 이것이 바로 여러 성계의 중심이라 한다면 이것이야말로 우물에 앉아 하늘을 보는 소견이다"라는 홍대용의 우주관은 탈지구 중심론이라는, 실로 대담하기 이를 데 없는 인식의 대전환을 제기했다는 측면과 함께 과학적으로 높은 평가를 받고 있다.

조선 후기의 지전설과 지원설은 단순히 우주관만을 변화시킨 것은 아니었다. 특히 지원설은 세계의 중심이 어느 한곳에만 정해진 것이 아니라는 사실을 깨닫게 해주는 우주관이었다. 따라서 지원설의 수용은 곧바로 중국이 세계의 중심이라는 화이론적 세계관의 변화를 의미했다. 예컨대 홍대용이 "이 지구 세계를 태허에 비교한다면 미세한 티끌만큼도 안 되며, 저 중국을 지구 세계와 비교한다면 수십 분의 1밖에 되지 않는다" 라고 하여 중국 중심의 세계관을 비판했던 것도 이러한 천문관의 변화와 무관하지 않다.

17세기 이후 서양식 천문서적과 지리서가 촉발한 새로운 지식은 탈 중화주의적 세계관의 형성과 함께 서양 각국과 아시아 여러 나라에 대한 지식을 조선 사회에 급속히 확산하는 데 크게 공헌했다.

글·정성희

참고문헌

• 김석문, 『易學二十四圖解』, 연세대학교.
• 민영규, 「17세기 李朝學人의 地動說 硏究」, 『동방학지』 23, 1981.
• 유경로, 『한국천문학사 연구』, 녹두, 1999.
• 이용범, 『중세 서양 과학의 조선 전래』, 동국대학교 출판부, 1988.
• 정성희, 『우리 조상은 하늘을 어떻게 이해했는가』, 책세상, 2000.
• 정성희, 『조선시대 우주관과 역법의 이해』, 지식산업사, 2005.
• 홍대용, 『湛軒書』.

인간이 사는 땅은 네모인가 구형인가

17세기 이후 종래 동양의 우주관인 천원지방天圓地方을 대신하여 천원지원天圓地圓이라는 서양의 우주관이 전파되었는데, 이는 마테오 리치가 간행한 한역의 서양식 세계지도『곤여만국전도』에서 비롯된 것이었다. 땅의 구형설을 바탕으로 제작된『곤여만국전도』는 1603년(선조 36) 조선에 전래되었고, 1708년(숙종 34)에는 왕명에 의해 조선에서 모사본이 제작되었다. 1708년 모사본은 총 3점이었으며, 어람본(왕의 열람용으로 특별히 제작한 것)으로 추정되는 봉선사본은 사진본으로만 남아 있다가 2011년 실학박물관에서 디지털본으로 복원했다.『곤여만국전도』는 임진왜란과 병자호란 이후 사변적이고 관념적인 세계관에 머물러 있던 조선의 지식인들이 새로운 세계관을 형성하는 데 큰 영향을 주었다.

248

천원지방에 바탕을 둔 땅의 관념

땅이 둥글게 생겼다는 서양의 지원설이 마테오 리치에 의해 동양에 전래되기 이전에 조선인들의 하늘과 땅에 대한 관념은 '천원지방'을 바탕으로 했다. 천원지방은 '하늘은 둥글고 땅은 네모지다'라는 의미로 하늘과 땅에 대한 오래된 동양의 전통적 사고다. 중국과 한국의 경우 천원지방의 관념은 인간을 둘러싼 세계에 대한 경험과 관찰을 거쳐 하나의 관념으로 형성되었다. 천원지방을 바탕으로 세계지도나 천문도가 그려졌고, 엽전 모양에서 보듯 천원지방의 관념은 일상생활의 도구를 제작하는 데도 반영되었다.

그런데 천원지방은 하늘과 땅의 형상을 두루뭉술하게 표현한 것이지 구체적인 것은 아니었다. 예컨대 원형인 하늘과 방형인 땅이 평평한지 아니면 울퉁불퉁한지 알 수가 없었다. 그런 이유로 공자의 제자 증삼은 천지의 형태가 원형과 방형이라면 둥근 하늘이 네모진 땅을 가릴 수 없다는 문제를 제기하기도 했다.

중국 후한대에 살았던 철학자 장형은 『영헌』이라는 책에서 "땅은 움직이지 않고 평평하다"고 하여 땅의 형태를 평면으로 상정했고, 『진서』 「천문지」는 "하늘은 마치 달걀 같고 땅은 그 안의 노른자 같다"고 하여 땅의 형태가 구형임을 암시했다. 또한 땅의 형태가 방형이라는 것은 엄밀히 말하면, 꼭 사방을 의미하는 것은 아닐 수도 있다. 방형을 포괄적으로 보면, 육방이 될 수도 있고 팔방이 될 수도 있는 것이다. 이처럼 형태에 대한 명확한 암시 없이 땅은 그저 방형이라는 막연한 인식이 자리 잡고 있었는데, 서양 천문학의 지원설이 들어오면서 땅의 형체론이 구체적으로 논의되기 시작했다.

지원설의 전래

전통적인 동양의 사고에서 나온 방형이라는 땅의 형태가 구형으로 확실하게 변화하게 된 것은 마테오 리치의 영향이 가장 컸다. 그는 방형은 실제 형태를 말하는 것이 아니라 "조용하여 옮겨 다니지 않는 성질을 말하는 것"이라 전제하고, "땅과 바다는 본래 원형으로 이 둘이 합쳐져 하나의 둥근 구를 이루며, 이 구는 천구의 한가운데 있다"라고 주장하여 땅의 구형을 입증하고자 했다. 이러한 지원설은 마테오 리치의 저작인 『건곤체의』의 「천지혼의설」에 실려 있는데, 이 책은 일찍이 이익의 『성호사설』에도 소개된 한역 서학서로서 천지혼의설과 지구 및 각 중천들 간의 거리 그리고 태양 및 지구, 달의 크기를 비교 측정하는 내용을 담고 있다.

그런데 지원설에는 쉽게 납득하기 힘든 점이 있었다. 동양의 우주론인 개천설과 혼천설이 모두 천원지방이라는 기존의 우주형체론을 바탕으로 했고, 이후 등장한 성리학의 우주 구조론도 땅의 형태가 방형이라는 데 별다른 의문을 갖지 않았기 때문이다. 더욱이 서양의 지원설에서 이해하기 힘든 점은 구형인 지구 아래와 좌우에도 사람이 산다는 것이었다.

숙종대에 영의정을 지낸 최석정崔錫鼎처럼 천문에 조예가 깊은 지식인조차 서양 역법의 정밀함을 인정하면서도 땅의 구형설만은 "그 설이 참으로 황당하다"라고 지적할 만큼 이해할 수 없는 것이었다. 최석정은 1708년(숙종 34) 영의정으로 있을 때 관상감에서 제작한 마테오 리치의 『곤여만국전도』에 발문을 쓴 인물이었다. 서양 천문학에 대한 지식이 해박했던 실학자 이규경李圭景마저도 "서양 천문학의 내용 중에 가장 놀라운 것이 지원설이었다"라고 고백할 정도였으니 당시 지원설에 대한 조선 유학자들의 충격이 얼마나 컸는가를 짐작할 수 있다.

실학자들의 세계관과 지원설

실학자 중에서 서양의 지원설을 가장 잘 이해한 사람이 바로 성호 이익이었다. 이익은 "지구 아래와 위에 사람이 살고 있다는 말을 서양 사람들에 의해 비로소 자세히 알게 되었다"면서 땅의 구형설을 인정했다. 지원설에 대한 이익의 이러한 입장은 당시 천문학에 조예가 깊다고 알려진 김시진金始振과 남극관南克寬의 지구설 논쟁에 대한 짧막한 논평에서 살펴볼 수 있다.

김시진과 남극관이 벌인 지구설 논쟁은 이러했다. 김시진이 지구 아래위에 사람이 살고 있다는 것은 틀린 말이라고 하자, 남극관이 "여기에 달걀 하나가 있는데 개미가 달걀 껍데기에 올라가 두루 돌아다녀도 떨어지지 않으니 사람이 지면에서 사는 것이 이것과 무엇이 다르랴?"라며 반박했다.

이에 대해 이익은 남극관의 설명이 잘못되었다고 지적하면서 "한 점의 지구 중심에는 상하 사방이 모두 안으로 향해 있어서 큰 지구가 중앙에 달려 있음을 볼 수 있으니 조금도 움직이지 않는 것은 추측해 알 수 있는 것이다"라고 했다. 이른바 지심론地心論으로 땅의 구형 문제를 해결한 것이다. 즉 이익은 소박하나마 지구의 인력으로 지원설의 난해한 문제를 설명하는 탁월한 식견을 가지고 있었던 것이다.

조선 후기 천문학자이자 실학자인 황윤석도 일찍이 외암 이간의 「천지변설」에서 천지도에 그려진 네모난 땅의 형태는 잘못된 것이라고 지적하면서 "하늘은 땅 밖의 큰 원이고 땅은 하늘 안의 작은 원이다. 원으로써 원을 감싸는 것은 이치와 형세가 서로 마땅한 것이다"라고 언급했다. 또한 그는 "서양 역법에 이르기를 땅은 역시 둥글다고 했으니 무엇을 더 말하겠는가? 한영숙과 신백겸의 천지설은 하늘이 둥글다는 사실은 제대로 알았으나 땅도 둥글다는 사실에는 어두웠으니 땅을 육면의 형체로 그린 것은 분명 틀린 것이다. 이간이 천문도를 그리면서 육면체로 그렸는데 이것은 네모의 귀퉁이만 조금 제거한 것일 뿐이고, 땅 역시 원형으로 그려야 함을 알지 못한 것이다"라며 땅이 둥글다는 사실을 자신 있게 주장했다.

천문학에 관심을 가진 소수의 학자들만 지원설을 수용한 것은 아니었다. 『증보문헌비고』「상위고」는 "지구는 하늘 가운데 있으며 그 형체는 혼원해 하늘의 도수와 상응한다"라고 하여 땅이 둥글다는 것을 공식적으로 인정했다. 『증보문헌비고』에는 매문정의 말까지 인용할 정도로 지원설이 자세히 설명되어 있지만, 둥근 지구 아래쪽에도 사람이 살고 있다는 주장에 대해서는 여전히 의구심을 버리지 못했다. 그럼에도 불구하고 땅의 구형만은 사실로 인정할 수밖에 없었는데, 이러한 지원설은 서양 천문학에 대한 전폭적인 신뢰가 없으면 사실상 받아들이기 힘든 것이었다.

지원설은 천문학에 대한 이해 부족에 따른 거부감 외에도 유교적 윤리관과 상충하기 때문에 이 설을 믿지 않으려는 유학자가 많았다. 즉 천원지방이라는 종래의 우주관이 우주의 질서를 원과 방의 조화로 보는 전통 윤리와 결부되어 있던 탓에 유학자들은 지원설을 믿지 않으려는 경향이 강했다.

그리하여 『사씨남정기』의 저자로 유명한 서포西浦 김만중金萬重은 이들을 향해 "우물 안 개구리의 식견"이라며 조소를 보낼 정도였고, 홍대용은 『의산문답』에서 "과거의 지식에 집착하는 자와 더불어 도를 이야기할 수 없다. 도를 들으려거든 과거의 지식을 씻어버리고 이기려는 마음을 버려야 한다"며 세상에 만연한 편견을 질타했다.

지원설은 유학의 자연관과 상충함으로 인해 수용 과정에서 난항을 거듭했지만, 이익과 홍대용을 비롯한 여러 실학자들로부터 지지를 얻어내고, 18세기 이후 『증보문헌비고』의 공식적인 인정을 받은 후로는 의심할 바 없는 땅의 형체론으로 인정받게 되었다.

그런데 지원설은 단순히 땅의 형체론만 변화시킨 것이 아니었다. 지원설은 세계의 중심이 어느 한곳에 고정되어 있지 않다는 사실을 깨닫게 해주는 우주관이었던 것이다. 따라서 지원설의 수용은 곧바로 세계의 중심인 중국과 오랑캐를 구분 짓는 화이론적 세계관의 변화를 의미했다. 예컨대 홍대용이 "이 지구 세계를 태허에 비교한다면 미세한 티끌만큼도 안 되며, 저 중국을 지구 세계와 비교한다면 수십 분의 1밖에 되지 않는다"라고 하여 중국 중심의 세계관을 비판했던 것도 이러한 천문관의 변화와 무관하지 않았다.

서양 천문학의 영향으로 전래된 지원설은 고대 우주론 논쟁 이후 방형으로 굳어졌던 땅의 실체를 드러내주었다. 또한 지원설이 촉발한 땅의 형체에 대한 관심과 그에 대한 정확한 인식은 중국 중심의 세계관에서 벗어나게 했으며 조선시대 사람들이 알지 못했던 서양 각국과 아시아 여러 나라에 대한 지식을 급속히 확산하는 데 기여했다.

한역의 세계지도와 지구설

이렇듯 서양의 세계지도는 조선 후기 실학자를 비롯한 지식인들의 세계관을 바꾸어주었다. 이들 세계지도는 중국에서 돌아온 사신들을 통해 급속하게 유포되고 모사되면서 오늘날까지 전해지고 있다. 그중 가장 대표적인 것이 마테오 리치의『곤여만국전도』이며, 이 밖에 알레니의『만국전도』, 페르비스트의『곤여전도』등이 있다.

1602년 북경에서 간행된 마테오 리치의『곤여만국전도』는 이듬해 조선에 전래되었으며, 1708년 관상감에서 회화식의『곤여만국전도』가 모사되었다. 1708년 조선의 모사본은 최석정의 서문에 따르면 아담 샬의 판본(소현세자가 귀국할 때 가져온 것으로 추정)을 바탕으로 제작된 것이다.

마테오 리치는『곤여만국전도』에서 16세기 유럽 학문의 우수성을 세계지도 제작을 통해 중국에 전파하고자 했는데, 앞에서 언급했다시피 그가 소개한 서방의 프톨레마이오스의 우주관은 중국의 천원지방적 우주관을 부정하는 것이었다.

그는 북경에서 1602년에 제작한『곤여만국전도』의 서문에서 원형의 하늘(우주) 아래서, 그 중심에 있는 원형의 지구 위에 모든 인류가 살고 있다고 전제하고 "땅과 바다는 본래 원형이고 합쳐져서 하나의 둥근 공 모양[球]을 이루며, 천구(우주)의 중심에 있다. 마치 달걀노른자가 흰자 속에 있는 것과 같다. 어떤 이가 땅이 네모라고 말하는 것은 땅이 안정되어 움직이지 않는 것을 말한 것이지 땅의 형체를 말한 것이 아니다. (둥근) 하늘이 지구를 둘러싸고 있으니 곧 이들은 서로 상응한다. 그러므로 천상에 남북 두 극이 있으니, 지구 또한 그러하다. 하늘은 360도로 나누어지고 지구 또한 동일하다"라고 하여 종래 중국의 천원지방설 대신 땅의 구형설을 주장했다.

아울러 복도福島, 즉 카나리아제도(제1자오선)를 기준으로 10도씩 경도선을 그어 30도마다 1시진의 시차가 난다고 했다. 『곤여만국전도』에는 지구에 관한 이런 설명 외에도, 「일월식을 논함(論日月蝕)」, 「태양이 지구보다 큼을 논함(論日大於地)」, 「지구는 구중천의 별들보다 얼마나 멀리 있고 얼마나 큰 것인가를 논함(論地球比九重天之星遠且大幾何)」 등 우주를 천문학적으로 기술하고 있다. 마테오 리치는 프톨레마이오스의 천문학을 중국에 소개함으로써 전통적인 천원지방의 세계관을 부정했고, 땅은 평평하지 않고 둥글기 때문에 중국을 포함한 어느 나라도 중심이 될 수 있다고 보았다.

『곤여만국전도』의 영향

1708년(숙종 34) 조선에서 제작한 『곤여만국전도』 채색모사본은 현재 보물로 지정된 서울대학교 박물관 소장본 외에 일본의 기타무라 요시로北村芳郎 본이 있다. 그 외 최종 어람본으로 추정되는 본이 경기도 남양주 봉선사에 소장되어 있었는데, 한국전쟁 때 봉선사가 불타면서 소실되었다. 따라서 18세기 조선에서 제작된 마테오 리치 지도의 모사본은 총 3점이 있었던 것으로 학계에 보고되어 있다. 이중 봉선사본은 1930년대 촬영한 흑백사진이 남아 있는데, 최근 서울대학교 정기준 명예교수의 분석을 통해 이 사진의 지도가 봉선사본임을 밝혀냈다.

서울대학교 박물관본과 더불어 봉선사본은 총 8폭의 병풍으로 되어 있고, 좌우 양측의 병풍에는 당시 관상감이 영의정 최석정의 발문과 마테오 리치의 서문이 있으며, 특히 봉선사본에는 예수회 인장도 그대로 모사되어 있다. 반면 기타무라 요시로 본은 총 10폭으로 되어 있다.

『곤여만국전도』에 표현된 땅의 구형설과 중천설은 동양에 전래된 서양 천체관의 핵심이었다. 마테오 리치는 서양식의 『곤여만국전도』를 통해 땅이 360도로 이루어졌으며 하늘의 1도는 땅의 250리에 해당한다고 주장했다. 천체의 형태와 운동에 대해 남다른 탐구심을 가졌던 18세기 실학자 성호 이익은 종래의 천원지방설을 버리고 지원설을 땅의 형태론으로 인정했다.

중국에 지원설을 최초로 전파한 마테오 리치는 『곤여만국전도』에서 "하늘의 1도는 땅의 1도에 해당하며, 땅의 1도는 250리에 해당한다"라고 하여 그림을 곁들여 지원설을 논증했다. 이익은 마테오 리치의 지원설을 바탕으로 "지구는 탄환과 같으며, 북으로 250리를 가면 북극이 1도가 더 높고, 남으로 250리를 가면 북극은 1도가 낮아지는데, 이것은 속일 수 없는 현상이다"라고 하여 지원설이 타당함을 주장했다.

지원설에 대한 이익의 논증은 이것만이 아니다. 『성호사설』「천지문」에는, "땅은 하늘의 중간에 위치하고 하늘은 그 절반이 땅 위로 나와 있으며, 땅의 형체가 둥글기 때문에 언제나 하늘의 절반만을 보게 된다"라고 적혀 있어, 이익이 지원설을 충분히 이해하고 있었음을 보여준다. 이익은 보이는 곳은 지평선과 일치하여 높고 낮음을 판별할 수 없는데 그 이유는 먼 곳을 바라보면 높은 것처럼 보이기 때문이며, 지표면에 사는 사람은 땅을 밟고 하늘을 이는 형국이며 사람은 자기가 있는 곳이 가장 높은 위치인 것으로 착각하게 된다고 말했다. 이익은 사람들이 자세히 연구해보지도 않고 자신이 가보지 못한 곳에 대해서는 모두 의심하고 믿지 않는 경향이 있다고 비판했다.

『곤여만국전도』는 당시 조선이나 중국을 비롯한 동양의 지식인들에게 서양의 지리학과 지도의 제작 수준, 서양 세계에 대한 정확한 정보를 일목요연하게 시각적으로 알려주고, 중국 중심의 세계관에 빠져 있는 동양의 지식인들에게 큰 자극과 충격을 주었다.

물론 그 자극과 충격이 도입처럼 빠른 것은 아니었으나, 둥근 지구에 그려진 5개 대륙을 통한 세계관의 탐색은 당시 관념적이고 형식화된 성리학 일변도의 사회상을 개혁하기 위한 모색으로 이어졌다. 임진왜란과 병자호란, 실학의 발흥으로 변화해가던 조선 사회에서 지구설을 중심으로 한 서양 지도에 대한 이해는 새로운 세계에 대한 이해의 결과이기도 했다.

글 · 정성희

참고문헌

- 김양선, 「명말청초 예수회 선교사 제작의 세계지도」, 『梅山國學散稿』, 숭실대학교 박물관, 1972.

- 실학박물관, 『곤여만국전도, 세계와 우주를 그리다』, 실학박물관 전시도록, 2011.

- 양보경, 「한역세계지도의 전래와 1708년 조선판 채색 곤여만국전도」, 실학박물관 학술발표회, 2011.

- 이찬, 「한국의 고세계지도에 관한 연구」, 문교부 학술연구 논문, 1971.

- 장보웅, 「利瑪竇의 세계지도에 관한 연구」, 『동국사학』 13. 동국대학교 사학회, 1976.

- 정기준, 「규장각 재생본 〈곤여만국전도〉(2010)의 원본은 옛 봉선사장본이다」, 『규장각』 38 , 2011.

- 黃時鑒, 龔纓晏, 『利玛窦世界地图研究』, . 上海古籍出版社, 2004.

알려지지 않은 실학자 유금과 아스트로라브

널리 알려지지는 않았지만, 18세기 실학자 중 유금柳琴(1741~1788)이 라는 사람이 있었다. 유금은 조선 후기 실학자 유득공의 숙부로 박지원, 홍대용, 박제가, 이덕무, 이서구, 서호수 등과 교우한 북학파 실학자 중의 한 명이다. 그는 평생 관직에 나가지 않고 학문과 예술을 즐기며 북학파 벗들과 교유했다.

거문고를 사랑한 실학자, 유금

유금은 거문고를 좋아하여 자를 탄소彈素라 하고, 원래 이름인 유련 대신 거문고 '금琴'자를 써서 유금으로 개명했다. '탄소'는 '탄소금彈素琴'의 준말로 소금을 연주한다는 의미다. 탄소라는 자와 유금이라는 개명에서 보듯이 거문고를 매우 사랑한 인물임을 알 수 있다. 유금은 음악뿐만 아니라 인장을 잘 새기는 재주가 있었고 수학과 천문에 관심이 많았다. 자신의 서재를 기하학의 '기하'를 따서 '기하실幾何室'이라고 불렀다.

유금은 북경 연행을 세 번이나 다녀왔다. 물론 서자 출신인 탓에 공식 사행단으로 간 것은 아니었지만, 연행 경험은 그의 인생에 큰 영향을 미쳤다. 연행을 다녀온 뒤 '유금'으로 이름을 개명했고, 서양 선교사들의 서적도 탐독했다.

유금은 1776년(영조 52)에 사은부사였던 서호수를 따라 연경에 갔다. 이때 유득공, 이덕무, 박제가, 이서구 등 벗들의 시를 각각 100수씩 총 400수를 뽑아 만든 『한객건연집韓客巾衍集』을 편찬하여 이조원, 반정균 등의 청나라 문인들에게 소개했다. 유금은 귀국길에 이들의 서문과 비평을 받아왔다.

『한객건연집』을 통해 유득공, 이덕무, 박제가, 이서구 등의 이름이 청나라 문인들에게 널리 알려졌다. 그후 조朝 · 청淸 문인들의 교유가 더욱 활발해졌고, 조선 후기 문화와 학술사에서 유금과 북학파 문인들의 위상이 높아졌다.

당시 조선은 이미 명나라가 멸망했음에도 불구하고, 대명의리론을 따르며 임진왜란 당시 군대를 파병하여 조선을 구원해준 명나라에 대한 의리를 저버리지 않았다. 청과 교류하면서도 마음으로는 명나라를 잊지 못하고 있었다. 그러나 해마다 청나라 연행 사절단이 왕래하면서 청 문인들과 조선 문인들의 교유는 점차 하나의 풍조로 자리 잡았다.

홍대용이 북경에서 청나라 문인인 엄성, 반정균, 육비 등과 교유한 것은 박지원 같은 북학파 문인들에게 큰 영향을 미쳤다. 홍대용과 박지원이 북경을 다녀온 후 쓴 연행록이 널리 읽히면서 점차 조선 문인들은 청나라의 존재를 인정해야 한다는 생각을 가지게 되었다. 유금이 청나라 연행 때『한객건연집』을 가지고 간 것은 홍대용과 박지원의 공이 크다.

'말단의 학문' 천문학과 수학을 좋아하다

유금은 천문학과 수학을 좋아했다. 그는 자신의 서재를 '기하실'이라 불렀는데, 기하는 마테오 리치가 중국에 소개한 서양의 수학인『기하원본』에서 따온 이름이다. 유금과 친분이 있던 서유구는 남산 기슭에 있는 기하실에서 천문학과 수학책 읽기에 몰두하고 있는 유금에게 다음과 같은 농을 던졌다.

"그대는 듣지도 못했나? 육예의 도는 도의 말단이고, 수학은 육예 중에서도 말단일세. 자네가 공부하고 있는 게 이렇게 별 볼 일 없는 것이라네."

유교 경전을 읽고 해독하는 것이 선비들에게 최고의 도였던 시대에 천문학이나 수학은 말단의 학문이었다. 공부해봐야 과거시험에도 나오지 않았고 선비가 가까이해서는 안 되는 학문으로 간주되었다. 그런 상황에서 서유구의 농은 기분 나쁘게 들릴 수도 있었다. 그러나 유금은 아랑곳없이 즐거워하는 낯빛을 감추지 않았다. 그의 서재에는 온통 천문과 역수에 관한 책들이었다. 서유구는 그의 진지한 학문 태도에 감복하여 이런 말로 사과했다.

"자네는 명성을 얻고자 성품을 바꾸는 사람이 아니었네. 온 세상 사람들이 큰 것에만 매달릴 때 그대는 홀로 작은 것을 부끄럽게 여기지 않으니 혼자 우뚝 서 있는 사람이라 할 만하네."

이슬람 별시계 '아스트로라브'를 만들다

천문학과 수학에 몰두한 유금이었지만, 그가 남긴 저술은 거의 남아 있지 않다. 인장 새기는 것을 좋아하고 자신의 책에 인장 찍기를 즐겼음에도 오늘날 그의 책은 거의 다 사라지고 없다. 그러나 그의 정성스러운 손길이 담긴 천문기구가 어느 날 갑자기 세상에 나타났다.

유금의 아스트로라브가 세상에 공개된 것은 2002년이다. 2002년 일본 시가현滋賀県 오미하치만시近江八幡市의 도기야磨谷가 일본 동아천문학회 이사장인 야부 야스오에게 감정을 의뢰하면서부터다. 도기야의 조부가 1930년경에 대구에서 구입했는데, 패전 후 일본으로 돌아가면서 가져간 것이다.

이 아스트로라브가 일본에서 처음 공개되었을 때는 누가 만든 것인지 알려지지 않았다. 그러다가 앞면 위쪽 고리 부분에 '유씨금柳氏琴'이라는 인장이 고문헌 연구자인 박철상에 의해 해독되면서 이 귀중한 작품의 제작자가 유금이라는 사실이 밝혀졌다. 아울러 아스트로라브의 청동 고리에 새겨진 "북극출지 38도(한양의 위도) 1787년에 약암 윤 선생을 위해 만들었다(北極出地三十八度 乾隆丁未爲約菴尹先生製)"라는 기록을 통해 제작 연도도 밝혀졌다. 이후 동아시아 전통 천문학의 권위자인 미야지마 가즈히코 교수에 의해 18세기 동아시아에서 제작된 유일한 천문 시계로 학계에 보고되었다.

아스트로라브, 혼개통헌으로 동양에 소개되다

아스트로라브는 14세기 기계 시계가 고안되기 전까지 고대와 중세의 여행자들에게 방향과 시간을 알려주는 가장 정교하고 정확한 천문 시계였다. 해와 별이 뜨는 시간과 지는 시간을 계산할 수 있고, 미래나 과거의 어느 날짜에 천체들의 정렬 상태도 알아낼 수 있게 고안되었다.

기원은 고대 그리스 시대라고 전하지만, 이슬람 문화권에서 본격적으로 발전했다. 아스트로라브가 이슬람 세계에서 발전한 것은 어느 곳에 있든지 메카의 신전을 향해 정확한 시간에 매일 다섯 번의 기도를 올려야 하는 이슬람 종교의례와 관련이 깊다. 유럽에서는 잊혀가다가 11세

유금의 아스트로라브. 실학박물관 소장.

기를 전후로 스페인 남부 지역을 통해 서유럽으로 다시 전파되었다. 유럽이 아스트로라브에 관심을 갖게 된 것은 항해에 이용하기 위해서였다.

클라비우스Christoph Clavius의 아스트로라브 해설서인『아스트롤라붐 Astrolabium』(1593)이 명말의 학자 이지조와 마테오 리치에 의해 한역되어『혼개통헌도설渾蓋通憲圖說』(1607)이라는 제목으로 출간되었다. 아스트로라브는 예수회 선교사들을 통해 '혼개통헌渾蓋通憲'이라는 이름으로 청과 조선에 전래되었고, 일본에는 16세기에 서유럽을 통해 전래되었다.

현존하는 유일한 천문 시계

아스트로라브의 앞면은 일종의 천문 계산기다. 앞면에는 '레테rete'라고 불리는 구멍 뚫린 판이 있는데, 이것을 돌려가며 원반 아래에 새겨진 눈금 선을 통해 천체 관측값을 얻는다. 레테의 기본 뼈대에는 다양한 개수의 지성침指星針이 있는데 유금이 만든 아스트로라브에는 모두 11개의 지성침이 있다. 유럽에는 지성침이 40개나 되는 아스트로라브도 있다. 이 지성침은 특정의 밝은 별을 가리키도록 맞추어져 있다. 유금의 아스트로라브에는 규성奎星(안드로메다의 베타성), 삼수參宿(오리온), 직녀織女(베가) 등을 비롯한 11개의 별을 가리키도록 제작되어 있다.

모체판 앞면의 중심은 하늘의 북극을 나타내며, 이곳의 구멍에 핀을 박아 성좌판을 회전시킬 수 있도록 했다. 바깥쪽 둘레에는 지름 16.7센

266

티미터의 원이 그려져 있다. 그 안쪽으로는 지름 16센티미터와 15.4센티미터의 동심원 사이에 2도 간격으로 눈금이 있고, 그 안쪽은 24등분하여 아래쪽을 자초와 자정의 경계로, 위쪽은 오초와 오정의 경계로 삼아 12지에 초初와 정正을 붙인 시각의 이름을 시계방향 순서로 새겨놓았다.

모체판 뒷면에는 2도 간격의 눈금까지는 앞면과 같지만, 그 안쪽은 10도마다 눈금이 있고 그 안쪽은 30도씩 등분되어 황도12궁의 이름이 새겨져 있다. 아울러 24등분하여 24절기의 이름을 새겼는데, 해시계 역할을 하는 도표라 할 수 있다.

유금의 아스트로라브는 한국, 중국, 일본을 통틀어 동아시아에서 제작된 것으로는 유일하게 현존하는 전형적 형태의 천문 시계다. 동아시아, 특히 조선시대 서양 근대과학의 전래와 수용을 고찰하는 데 있어 귀중한 유물이 아닐 수 없다.

글·정성희

실학의 개방성, 개화로 이어지다

실학사상 속에 근대 지향적인 요인이 들어 있음은 여러 연구를 통해 밝혀졌지만, 최근 들어 조선 후기 사회 혹은 실학에서 근대성을 찾는 것 자체가 현재의 로망을 과거에 투영하는 것이라는 시각도 제기되고 있다. 18세기 실학이 단절되지 않고 19세기를 거쳐 20세기 초까지 연속되었다고 보는 시각은 일부 역사가의 로망에 불과한 것일까. 실학과 개화사상 간의 연결 고리를 찾아보면 그 해답을 찾을 수 있지 않을까 싶다.

이용후생이 있은 다음에 정덕이 있다

실학과 개화사상의 연관성을 살펴보는 데 있어 가장 먼저 언급해야 할 것이 바로 실학의 사상적 계승 여부일 것이다. 유학과 실학 간의 사상적 차이를 언급할 때 흔히 지적되는 것이 정덕과 이용후생의 선후관계다. 원래 유학에서는 '정덕이용후생유화正德利用厚生惟和'라 하여 먼저 정덕正德(정의롭고 덕이 있음)을 내세우고 이용후생을 그다음의 문제로 보았다. 주자학에 경도된 조선시대 지식인들은 이용후생보다는 정덕이나 수신의 문제에 매달려 구체적인 현실 문제를 도외시한 경향이 있었다. 조선 후기 실학은 현실을 도외시하고 정덕만을 앞세우는 유교 이념을 비판하며 등장하였다.

조선 후기 실학자들은 정덕을 이용후생 이후의 문제라 보았고, 이용 이후에 후생이 이뤄지는 것으로 보았다. 이용후생의 이념을 바탕에 둔 이른바 북학론은 유학의 전통적인 이념질서를 뒤집는 당시로는 파격적인 발상이었다. 정덕 대신 이용과 후생을 전면에 내세운 박지원과 박제가는 북벌론에 대치한 북학론을 내세워 근대 서양 문명과 접할 수 있는 계기를 만든 인물들이다. 북학파 실학자들이 중국 연행을 통해 보고 배워온 것은 다름 아닌 '이용후생의 학문'이었다.

> 이용이 있은 다음에야 후생이 될 것이요, 후생이 된 다음에야 올바른 다스림이 있을 것이다. 대체로 이용이 되지 않으면서 후생할 수 있는 사람은 드무니, 생활이 이미 제각기 넉넉하지 못하다면 어찌 그 마음을 바로 지닐 수 있겠는가. (박지원, 『열하일기』 '도강록' 중에서)

이용후생론의 계승

박지원에 이어 박제가 또한 백성 한 사람 한 사람이 가난에서 벗어나지 못하는 한 조선 사회가 지향하는 도덕이 바로잡힌 사회, 즉 정덕의 사회는 공허한 목표일 뿐이라고 보았다. 도덕적 이념만으로는 빈곤을 해결할 수 없고, 빈곤을 해결할 수 없다면 어떤 명분이나 이념도 허구인 것이다.

이들이 말하는 이용후생은 거창한 것이 아니라, 의식주를 비롯한 기본적인 생활을 누리는 이른바 민생을 의미한다. 박제가는 『북학의』 서문에서 "이용과 후생, 둘 중 하나라도 갖추어지지 않으면 오히려 정덕을 해친다"라는 말을 남겼다. 인간 도덕의 문제는 이용과 후생 중 하나라도 갖추어지지 않으면 존립할 수 없다고 본 것이다. "곳간에서 인심이 난다"는 말처럼 먼저 배가 불러야 남을 돌볼 수 있는 덕이 생기는 것이다.

박제가는 이용후생의 구체적인 내용으로 상업과 공업을 발전시키고, 바닷길로 외국 여러 나라와 통상하며, 전국의 유통망을 확충하고 운송도구의 도입과 개선을 주장했다. 기술 발전론, 해로 통상론, 상공업 발전론 등으로 요약할 수 있는 박제가의 주장은 19세기 후반 개항 이전에 나온 것으로는 가장 선진적이고 혁신적인 정책안이었다. 그의 주장에는 미래를 앞서 내다본 선견지명이 있었다.

박제가의 『북학의』는 동시대는 물론, 개화사상에도 큰 영향을 미쳤다. 정약용은 자신의 국가 개혁안을 담은 『경세유표』에서 이용감이란 부서를 설치하여 각종 기계와 도구의 제작을 주관하자는 아이디어를 냈는데,

이는 박제가의 제안을 정부기구로 구체화한 것이다. 정약용은 "이용감을 개설하여 북학의 방법을 논의하여 부국강병을 도모하고자 하니 이는 가볍게 여길 수 없다"라고 하여 박제가의 북학론과 이용후생론을 부국강병의 방안으로 개시했다.

정약용의 제자인 이강회 역시 박제가의 영향을 받아 북학과 이용후생을 주장하며 "박초정의 『북학의』는 헐뜯을 수 없다"라며 동조했다. 그 밖에도 19세기에 북학파를 계승한 서유구와 이규경 등에게도 깊은 영향을 미쳐 박제가의 『북학의』는 동시대와 그 이후 사상계에서 매우 중시되었다.

이용후생과 실사구시 정신이 개화사상으로 이어지다

북학파의 중심 논리였던 이용후생은 개화사상으로 그대로 계승되었다. 가령 유길준은 『서유견문』에서 "실상은 천하인을 위하여 그 쓰임〔用〕을 이롭게〔利〕하고 그로 인하여 그 생生을 후하게 하며, 또 인하여 그 덕德을 정正하게 함이니……"라고 하여 정덕보다 이용이 먼저임을 설파했다.

이용후생에 이어 실사구시도 개화사상으로 이어졌다. 주자학은 허虛하고 실학은 실천학문이라는 실학자들의 실사구시론은 그대로 개화사상가들에게 계승되었다. 개화파 김옥균은 평소 "나의 소견으로는 실사구시만 한 것이 없다"라고 강조했고, 『한성순보』 창간 사설에서는 "우리나라 사람들은 쓸데없는 시비는 그만두고 오직 실사구시에 충실하여야 한다"라고 했다. 박영효도『독립협회일보』창간호에서 "이용후생은 부국강병의 실사구시이다"라고 했다.

19세기 실학을 계승한 인물들

19세기 실학자들과 19세기 후반의 개화사상가들은 직간접적으로 연결되어 있었다. 후기 실학자의 제자 또는 후계자들을 추적해보면 대체로 초기 개화사상가들과 연결된다.

19세기 실학자 박규수는 실학과 개화사상을 연결해주는 가교자로 지목되어왔다. 그는 연암 박지원의 친손자이며, 그 사상을 계승 발전시킨 장본인이다. 조부인 박지원은 박규수가 태어나기 2년 전인 1805년에 68세를 일기로 타계했으므로 조부를 직접 본 적은 없다. 그러나 박지원이 박규수의 학문 전반에 영향을 미쳤음을 짐작하기 어렵지 않다. 실제로 박규수가 태어나고 오랜 기간 살았던 재동 자택은 박지원이 관직에서 물러난 뒤 살았던 곳이다.

연암 박지원의 실학사상이 반드시 손자 박규수를 통해서만 개화사상으로 연결된 것은 아니다. 그의 여러 저서들, 특히『열하일기』,『과농소초』등이 필사되어 일부 지식인들 사이에서 읽히고 있었다.『열하일기』는 이미 박지원이 생존했던 시기부터 이른바 베스트셀러였고, 한글로 번역되어 부녀자들 사이에 읽히던 책이었다.

19세기는 북학의 저변이 확대된 시기였다. 박지원, 박제가 등 북학파의 경제사상은 19세기 개국통상론으로 이어졌다. 최한기는 중국과 서양

서적을 섭렵하여 개국통상론을 주장할 만큼 서양의 발달한 과학문명을 적극적으로 수용하자는 입장이었고, 개화사상 형성에도 큰 역할을 했다. 또한 개국통상은 아니지만 이덕무의 손자 이규경은 천지, 인사, 만물 등과 관련한 사안들을 조선과 중국의 고금사물에 관한 서적을 통해 고증하여 백과전서식으로 정리한 『오주연문장전산고』를 저술했다.

일부 지식인이 중심이 된 실학사상은 20세기에 들어와서 바야흐로 대중화의 길을 걷게 된다. 1901년에 김택영 편의 『연암집』을 시작으로 『흠흠신서』와 『목민심서』가 각각 장지연에 의해 광문사에서 연활자로 간행되었다. 박지원의 『열하일기』를 비롯하여 『해동역사』, 『연려실기술』 등이 1911년 조선광문회에서 간행되면서, 개화파를 비롯한 여러 지식인들이 실학사상을 쉽게 접할 수 있는 길이 열린 것이다.

자국 중심론을 깨고 세계로 눈을 돌리다

『곤여만국전도』와 같은 지구 구형설을 바탕으로 한 세계지도 등이 전래되면서 18세기 실학자들을 중심으로 중국 중심의 화이론적 세계관이 깨지고 주체적으로 외국과 공존하는 세계관이 형성되기 시작했다. 성호 이익은 "중국은 큰 땅 중에서 한 조각에 지나지 않다"고 설파했고, 홍대용과 박지원은 지구설과 자전설을 이야기하며 세계의 중심이 따로 없다는 것을 과학적으로 증명하고자 했다. 정약용도 "나를 기준으로 보면 중국은 그 가운데라 할 수 없으며 우리나라도 동국이라 할 수 없다"라고 했다.

18세기를 지나 19세기 중엽에 이르면 동아시아는 서양 세력의 진출로 전통적인 중국 중심의 국제질서가 깨져가고 있었다. 서세동점은 이미 17세기 초반부터 시작되었지만, 중화사상에 젖어 있던 청과 조선이 위기의식을 느낀 것은 19세기 중엽이었다.

19세기 실학자 최한기는 그 누구보다도 국제질서의 변화를 주시하며 깊이 우려한 인물이었다. 그가 『해국도지』와 『영환지략』을 연구하여 세계지리서인 『지구전요』를 편찬한 것이나 중국과 서양 각국이 맺은 외교 조약을 필사하여 소개한 것은 서양의 사정을 정확하게 조선에 알릴 필요가 있다고 믿었기 때문이다. 조선도 머지않은 장래에 중국처럼 서양 각국과 조약을 맺을 날이 분명히 다가오고 있음을 예측한 것이다.

박지원의 손자이기도 한 박규수는 관료로서는 최고 자리라 할 수 있는 우의정을 끝으로 현직에서 물러나 서울 북촌에서 김옥균, 박영효, 서광범 등의 개화파와 함께 자신이 손수 만든 '지구의'를 보며 중국 중심주의가 해체되어가는 국제 현실을 이야기했다.

"오늘날 중국이 어디에 있는가? 저리 돌리면 미국이 중국이 되고, 이리 돌리면 조선이 중국이 되니 어떤 나라도 가운데로 오면 중국이 되는데 오늘날 어디에 중국이 있는가?"

박규수의 자극에 고무되어 화이적 세계관의 허구를 깨달은 김옥균, 유길준 등의 개화파는 개화사상을 발전시켜나갔다. 김옥균은 1876년의 개항을 부득이한 것으로 받아들이고 실리를 찾아 일본에 들어온 서양 문명을 배워야 한다고 주장했고, 훗날 갑신정변을 일으키기도 했다.

민권사상과 실학

근대 민권사상에 견주면 어설프다고 평가할지는 모르지만, 18세기 실학자들을 중심으로 신분제 사회에 대한 비판의식이 형성되기 시작했다. 박지원은 『양반전』과 『호질』에서 양반의 허구성을 폭로했고, 정약용은 『목민심서』에서 "백성을 위해 목민관이 존재하는 것이지 목민관을 위해 백성이 있는 것은 아니다"라고 했다. 세금이나 군역을 면제받고 놀고 먹는 양반을 비판한 정약용은 지방 관리는 작은 도적이고 큰 벼슬아치는 큰 도적이라 규정하기도 했다. 물론 실학자들이 왕정을 부정한 것은 아니지만, 민권에 대한 의식이 성장하고 있었음은 분명하다.

실학자들의 민권의식은 개화사상으로 이어졌다. 갑신정변을 일으킨 박영효는 "『연암집』에서 양반을 공격하는 글을 읽으면서 평등사상을 배웠다"라고 고백했고, 다산학을 계승한 민족주의 사학자 박은식은 "제왕에만 있고 인민에게는 없는 유교 정신은 새롭게 바뀌어야 된다"라고 주장했다.

이용후생과 실사구시의 정신, 개방적 세계관과 민권의식을 품은 실학사상은 단절되지 않고 19세기를 거쳐 개화사상으로 이어졌다. 실학사상이 근대 지향적인가 아닌가에 대한 생각은 혹자마다 다를 수 있겠지만, 실학과 개화사상 간의 연결 고리마저 부정할 수는 없지 않을까 한다.

글·정성희

김문식 단국대학교 사학과 교수. 서울대학교 국사학과 및 동 대학원을 졸업했다. 저서로『정조의
제왕학』(2007, 태학사)『조선후기 지식인의 대외인식』(2009, 새문사)『조선왕실의 외교의
례』(2017, 세창출판사) 등이 있다.

김정숙 서울대학교 미술대학을 졸업하고, 한국학중앙연구원에서 미술사학 박사학위를 받았다.
옛 그림의 의미와 가치를 대중과 공유하는 일에 뜻을 두고 강의와 저술활동을 하고 있다. 저
서로는『흥선대원군 이하응의 예술세계』,『옛 그림 속 여백을 걷다』 등이 있다.

김 호 서울대학교 국사학과를 졸업하고 같은 학교 대학원에서「허준의 동의보감 연구」로 박사
학위를 받았다. 서울대학교 규장각 책임연구원과 가톨릭대학교 교양교육원 교수를 거쳐
2017년 현재 경인교육대학교 사회교육과 교수로 재직 중이다. 지은 책으로『원통함을 없
게 하라』,『조선의 명의들』,『정약용, 조선의 정의를 말하다』,『조선의 왕실 의료 문화』 등이 있
다. 옮긴 책으로『신주무원록』,『다산의 사서학』 등이 있다.

노혜경 한국학중앙연구원에서 박사학위를 취득한 뒤 UCLA Postdoctoral Scholar 과정을 거쳤
다. 한국학중앙연구원 연구원, 실학박물관 학예사, 덕성여대 연구교수 등을 역임하고 현재
는 호서대학교 창의교양학부 교수로 재직하고 있다. 현대 우리 사회의 현상과 인식의 근원
을 우리 역사 속에서 탐구하고, 인류 역사와 문명의 통찰과 분석으로 문제의 대안을 찾고자
노력하고 있다.

박인호 경북대학교 사학과를 졸업하고 한국학중앙연구원 한국학대학원에서 박사학위를 받았
다. 조선시대사와 사학사를 전공하였다. 현재 금오공과대학교 교양교직과정부 교수로
재직하고 있다. 저서로는『한국사학사대요』,『조선후기 역사지리학 연구』,『조선시기 역
사가와 역사지리인식』 등이 있다.

심재우 한국학중앙연구원 한국학대학원 인문학부 교수. 서울대학교 강사, 국립중앙박물관 학예

연구사, 한국역사연구회 사무국장 등을 역임하였다. 저서로 『조선후기 국가권력과 범죄 통제-『심리록』 연구』, 『네 죄를 고하여라: 법률과 형벌로 읽는 조선』, 『조선후기 법률문화 연구』(공저) 등이 있다.

이근호　명지대학교 인문과학연구소 연구교수. 국민대 국사학과 및 대학원을 졸업했다. 저서로는 『조선후기 탕평파와 국정운영』을 비롯해 『승정원일기, 소통의 정치를 논하다』(공저), 『왜 조선에는 붕당정치가 이루어졌을까』 등이 있다.

이정철　한국국학진흥원 책임연구위원. 주요 저서로 『언제나 민생을 염려하노니』, 『대동법, 조선 최고의 개혁』, 『왜 선한 지식인이 나쁜 정치를 할까』 등이 있고, 주요 논문으로 「반계 유형원의 전제개혁론과 그 함의」, 「조선시대 공물분정 방식의 변화와 대동의 어의」 등이 있다.

이지양　성균관대학교 국문과에서 박사학위를 받았고, 동국대학교, 부산대학교, 연세대학교에서 연구교수를 역임. 현재 성균관대학교와 한국예술종합학교에 출강. 저서로 『홀로 앉아 금을 타고-옛글 속의 우리 음악 이야기』, 『나 자신으로 살아갈 길을 찾다 - 조선 여성 예인의 삶과 자취』 등이 있다.

정성희　경상대학교 사학과를 졸업하고 한국학중앙연구원 한국학대학원에서 박사 학위를 받았다. 한국학중앙연구원 연구원과 대전대학교 연구교수를 거쳐 실학박물관 수석학예사로 재직하고 있다. '21세기와 실학'이라는 관점에서 현재와 소통하는 살아 있는 실학 자료를 전시하고 발굴하는 작업에 전념하고 있으며, 주요 저서로 『우리 조상은 하늘을 어떻게 이해했는가』가 있다.

정해은　중앙대학교를 졸업하고 한국학중앙연구원 한국학대학원에서 문학박사 학위를 받았다. 현재 한국학중앙연구원 책임연구원으로 일하고 있다. 무관과 여성 등 비주류의 삶에도 반드시 전해져야 할 그들만의 이야기가 있다는 생각으로 조선 사회를 탐구하는 작업을 하고 있다.

조준호　실학박물관 학예팀장. 국민대학교 국사학과에서 박사학위를 받았고, 동 대학에서 연구교수를 역임했다. 조선후기 정치사회사를 전공했으며 주요논저로 「조선 숙종~영조대 근기지역 노론학맥 연구」, 『다산, 조선의 새 길을 열다』(공저) 등이 있다.

실학, 조선의 르네상스를 열다

개혁을 열망했던 조선 지식인들이 꿈꾼 나라

초 판 1쇄 발행 2018년 5월 8일
개정판 1쇄 발행 2022년 12월 15일

지은이 정성희 외
기 획 경기문화재단 실학박물관
펴낸이 문채원
편 집 오효순
디자인 woojin(宇珍)

펴낸곳 도서출판 사우
등 록 제215-92-69299호
전 화 02-2642-6420
팩 스 0504-156-6085
이메일 sawoopub@gmail.com